Care for Handicapped Children

障がい児保育の基本と課題

井村圭壯・今井慶宗

編著

学文社

執 筆 者

小野　　　真	西宮たんぽぽ	（第1章）
安田　誠人	大谷大学	（第2章）
吉島　紀江	平安女学院大学短期大学部	（第3章）
田島　真知子	プール学院大学短期大学部	（第4章）
岡田　健一	九州大谷短期大学	（第5章）
齊藤　勇紀	新潟青陵大学	（第6章）
三好　伸子	甲南女子大学	（第7章）
新川　朋子	太成学院大学	（第8章）
岡田　　　恵	国際こども・福祉カレッジ	（第9章）
鬼塚　良太郎	九州龍谷短期大学	（第10章）
＊井村　圭壯	岡山県立大学	（第11章）
＊今井　慶宗	関西女子短期大学	（第11章，第14章）
小栗　貴弘	作新学院大学女子短期大学部	（第12章）
小宅　理沙	東大阪大学短期大学部	（第13章）
野尻　美津代	東大阪大学短期大学部	（第13章）
西木　貴美子	東大阪大学短期大学部	（第13章）
川邊　浩史	西九州大学短期大学部	（第15章）

（執筆順・＊は編者）

はしがき

　21世紀に入り，わが国の社会は大きく変容している。その変化が社会福祉や教育・保育の領域にも大きな影響を及ぼし，私たちもそれに対応していかなければならない。

　障がい児施策においても大きな変化が生じている。たとえば，従来，障がい児を対象として障がいの種別等より施策が実施されてきたが，重複障がいを有する児童への対応が必要とされるとともに，身近な地域で支援をうけられるよう施設・事業が再編され，2012（平成24）年度より一元化が行われ，たとえば入所施設の場合では福祉型と医療型の障害児入所施設が設けられた。また，「児童福祉法」改正により2015（平成27）年から小児慢性特定疾病対策が行われている。これら新しい施策・制度の下で，障がいを有する子どもがよりよく成長でき，あわせて保護者にとっても障がいのある子どもを養育するにあたって十分な支援がある環境が整えられ，そのなかで必要とされる保育活動が実践されていかなければならない。

　障がい児・者への支援は制度上のものと非制度的なものがあるが，それらの仕組みやこれまでの経緯をよく理解し，実際の保育活動に活かしていくことが保育士をはじめとする幅広い人びとに求められている。

　本書は保育士養成課程の科目「障害児保育」に対応するテキストとして企画されたものである。各章とも障がい児やその家庭への支援を学ぶ際に必要となる基礎知識について最新の動向をふまえて厳選した記述にしている。わかりやすい文章や丁寧な解説に努め図表も本文の理解に資するものを精選している。これらのことから障がい児保育の基本書として学習するのに適した内容となっている。保育士養成課程で学ぶ学生などの初学者はもとより，障がい児やその家庭への支援に関心のある幅広い方々にぜひ読んでいただき，障がい児の保育や支援の仕組みとあるべき姿について，ともに考えていただきたい。

本書の執筆，編集にあたっては，各執筆者の方々，そして学文社代表取締役社長の田中千津子氏，編集部の方々には大変お世話になった。紙面を借りて感謝申し上げる。

2016 年 8 月 2 日

編著者

目 次

はしがき……………………………………………………………………… i

第1章 障がいの概念と障がい児保育の歴史的変遷………………1

第1節 障がいの定義 1

1．障がいの定義 1／2．わが国の障がいの概念 2／3．世界における障がいの概念 3

第2節 日本の障がい児保育の歴史 8

第3節 障がい児保育の現状 10

第2章 障がい児保育の基本………………………………………… 13

第1節 障がい児保育とは 13

第2節 障がい児保育の形態 14

1．障がい児保育の形態 14／2．統合保育 14／3．分離保育 16

第3節 インクルージョン保育・教育 19

1．インクルージョン保育・教育とは 19／2．インクルージョン保育・教育の長所と課題 19

第3章 肢体不自由児と視覚・聴覚障がい児の理解と支援………… 23

第1節 肢体不自由児 23

1．肢体不自由児とは 23／2．主な肢体不自由の原因 23／3．脳性まひ 23／4．保育場面での支援の実際と留意点 24

第2節 視覚障がい児 25

1．視覚とは 25／2．視覚障がいとは 26／3．盲と弱視 26／4．斜　　視 27／5．保育場面での支援の実際と留意点 27

第3節 聴覚障がい児 28

1．聴覚障がいとは　28／2．聴覚障がいの分類　28／3．新生児聴覚検査（聴覚スクリーニング）　30／4．保育場面での支援の実際と留意点　30／5．保育場面での留意点　30

第4章　知的障がい児の理解と支援　33

第1節　知的障がいとは　33

　　1．定　　義　33／2．要　　因　34／3．性　　差　35／4．知的レベルの評価　35

第2節　知的障がい児の特徴　37

　　1．運動発達　37／2．手指の発達　38／3．ことばの発達　38／4．記憶の発達　38

第3節　保育支援　39

　　1．保育（療育）の場　39／2．保育的配慮　39

第5章　発達障がい児（ADHD，LD，ASD）の理解と支援　43

第1節　発達障がいとは　43

第2節　発達障がいの理解　44

　　1．注意欠如・多動性障がい（ADHD）の理解　44／2．学習障がい（LD）の理解　46／3．自閉症スペクトラム障がい（ASD）の理解　46

第3節　発達障がい児の支援　48

　　1．二次障がいの予防　48／2．注意欠如・多動性障がい（ADHD）の支援　49／3．自閉症スペクトラム障がい（ASD）の支援　49

第6章　保育課程に基づく個別指導計画の作成と記録および評価　51

第1節　個別指導計画の作成　51

　　1．「保育所保育指針」における保育計画作成上の留意点　51／2．保育所における保育課程と指導計画　52

第2節　個別指導計画の作成手順　52

　　1．個別指導計画作成に必要な情報の収集と整理　53／2．アセスメン

ト情報に基づく個別指導計画の作成　55／3．個別指導計画作成上の留意点　56

　第3節　保育の評価と行動観察　56

　　1．保育の評価　56／2．評価に生かす行動観察　58

第7章　個々の発達を促す生活や遊びの環境 …………………………… 61

　第1節　障がい児にとっての遊びの意義　61

　第2節　遊びの教材と留意点（配慮）　62

　　1．「ひらがな積み木」の事例から　62／2．「すもう遊び」の事例から　64

　第3節　遊び場（地域の遊び場）　65

　　1．地域の障がい児ときょうだい・保護者の遊びの場　65／2．絵本から学ぶ遊びの場　66

第8章　子ども同士のかかわりと育ち合い ……………………………… 71

　第1節　子どもの発達における子ども同士のかかわりと育ち合い　71

　第2節　統合保育のなかでの子ども同士のかかわりと育ち合い　73

　第3節　事例を通した子ども同士のかかわりと育ち合い　74

　　1．M男の事例　74／2．N子の事例　74

　第4節　保育者に求められる姿勢と資質　75

第9章　職員間の協働 ……………………………………………………… 77

　第1節　子どもの情報を共有すること　77

　　1．保育士間で子どもの情報を共有する大切さ　77／2．専門機関との協働　80

　第2節　情報の共有と守秘義務の重要性　80

　　1．情報の管理　81／2．守秘義務とは　81

第10章　保護者や家族に対する理解と支援 …………………………… 83

第1節　保護者支援の意義　83

　1．現代社会の子育て支援における保護者支援の意義　83／2．子育て支援における保育所および保育士の役割　84

第2節　障がいのある乳幼児の保護者の心理　86

　1．障がいの受容　86／2．保護者支援の目指すもの　87

第3節　保護者支援の実際　88

　1．保育所等における保護者支援　88／2．保護者を支援する際の配慮点　89

第11章　地域の専門機関等との連携および個別の支援計画の作成 … 93

第1節　地域の専門機関（行政・相談機関）　93

　1．児童相談所　93／2．市町村　94／3．保健所　95／4．発達障害者支援センター　96

第2節　地域の専門機関（施設・医療機関）　96

　1．児童発達支援センター　96／2．障害児入所施設　97／3．障害児等療育支援事業　97／4．保育所等訪問支援　98／5．小児慢性特定疾病医療費助成制度における指定医　98

第3節　連携と個別の支援計画の作成　99

　1．「保育所保育指針」の規定　99／2．個別の支援計画　99／3．個別の指導計画　100

第12章　小学校等との連携 ……………………………………………… 101

第1節　就学先の種別　101

　1．特別支援学校　101／2．通級指導教室　102

第2節　就学先の決定　103

　1．就学時健康診断　103／2．就学相談　104／3．教育支援委員会　105

第3節　保育士による連携の現状と課題　105

　1．就学先との連携　105／2．就学相談における連携　106

第13章　保健・医療における現状と課題 …………………………109

第1節　保健所・市町村保健センターとの連携　109

　1．保健所とは　109／2．市町村保健センターとは　110／3．乳幼児健康診査　110

第2節　医療機関との連携　112

　1．妊産婦健康診査　113／2．新生児マススクリーニング　113／3．小児慢性特定疾病医療費の支給　113／4．自立支援医療制度　113／5．子どもの心の診療ネットワーク事業　114

第3節　地域支援　114

　1．保育所（園）への巡回指導　114／2．教育委員会や療育センターによる訪問指導　115

第4節　今後の課題　115

　1．障がい児の保健領域に関する課題　115／2．障がい児の医療領域に関する課題　116

第14章　福祉・教育における現状と課題 …………………………119

第1節　福祉における現状　119

　1．障害者基本計画　119／2．経済的支援の制度　120／3．小児慢性特定疾病対策　121

第2節　教育における現状　121

　1．特別支援教育の理念　121／2．学校教育法と特別支援学校幼稚部教育要領　122

第3節　福祉・教育における課題　123

　1．障害の早期発見　123／2．障がい児施設の一元化　123／3．小児慢性特定疾病対策の動向　123／4．放課後等デイサービス　124／5．学習指導要領　125／6．通級による指導　125／7．特別支援教育コーディネーター　125／8．学校での医療的ケア　126

第15章　支援の場の広がりとつながり ……………………………127

第1節　支援の場の広がり　127

1．子育て支援の場　127／2．民間の障がい児支援サービス　128
第2節　支援のつながり　132

索　　引……………………………………………………………137

第1章 障がいの概念と障がい児保育の歴史的変遷

第1節　障がいの定義

1．障がいの定義

　ことばは人によってイメージが違うもので，通常さまざまな受け取り方がある。そのなかでも「障がい（障害）」ということばは，場合によって受け取り方が非常に繊細になる一面をもつことばである。

　「障害」という意味を理解するために「障」「害」「障害」の3つのことばの意味をそれぞれ『大辞泉』(1995) から引用してみる。「障」という意味は，1．じゃまをする，じゃま，さしさわり　2．隔てさえぎるもの　3．防ぐ，など。また「害」については，1．生命を途中で断つ，そこなう，傷つける　2．順調な生存の妨げになるもの，災い　3．邪魔をする，である。また「障害」は，1．さまたげること。また，あることをするのに，さまたげとなるものや状況。しょうげ。　2．個人的な原因や，社会的な環境により，心や身体上の機能が十分に働かず，活動に制限があること，を指す。

　これらはどれも「マイナス」のイメージが強いことばでつくられている。問題となるのは「障害」ということばではなく，このようなマイナスの意味のことばに「障害『者』」や「障害『児』」という，人を示すことばが繋がっていることである。「障害をもっている」といわれる人たちにとっては，そのことばのマイナスのイメージそのままを背負わされてしまう。「障害」ということば

の繊細な一面とはこのことである。近年,「じゃま」や「さしさわり」「さまたげ」の意味が付けられた,ことばの意味としての「障害」という表記について,社会全体で数多くの議論がある。その議論の結果,「障害」のもつマイナスのイメージを見直すという動きが見られ,「障害」を「障がい」表記に改めようという動きが拡大し,行政も動かす力となっている(東京都多摩市,大阪府大阪市など,多数の都市では「障がい」表記で統一)。またその逆に,障がいをもつ当事者たちは表記などそんなに気にしていない,という意見や,「障害」ということばが引っかかることを社会的に解消するべきで,表現をソフトにすることはけっしてバリアフリー社会の実現に資するものではないとして,「障害」を「障がい」に置き換えることに反対している人などもいる。

この展開は未だ解決に至っていない。しかし,「障がい」というひとつのことばの意味に関して数々の議論が出てきていることは,「障がい」というものに関するより深い社会的,文化的要素が芽吹いており,熟成しはじめているという証拠なのであろう。

2．わが国の障がいの概念

では,その障がいという意味は実際今までどう扱われてきたのであろうか。

わが国の法律おいて障がいとは,1970(昭和45)年に施行された「障害者基本法」に定義されている。そこで「障がい者」とは,"身体障がい,知的障がい,精神障がい,発達障がいの4つ,またはその他の心身機能の障がいを持つ人"で,その人たちが"その障がいまたは社会的な壁から日常や社会の生活に長い期間相当な制限を受ける状態にあること"としている。またそこでは「社会的な壁(社会的障壁)」とは何かということにも触れられている。その壁とは,"障がいがあるために日常生活や社会生活を送る上で社会的な物事,制度や習慣,観念などが出来にくくなってしまうこと"と定義している。つまり社会的な壁とは,ある人に何らかの問題が長く続いていて,生活をするうえで,その問題が壁になってしまっている状態のことである。私たちが生活をするう

えでは，あまり意識はされていないが，おきる，歩くなどの身体活動の基本動作にしても，脳で判断し，神経に指令が出て，筋肉に伝達することではじめて身体活動として機能し，それがフィードバックすることで学習をする。私たちが意識する，しないに関わらず，指一本動かすにしても精神と身体，ともにかなりの活動が行われている。その動きがひとつでも取れないのであれば活動に制限がかかる。その制限が長い間（もしくは一生に渡って）続くことは，制限がない人に比べて非常に困難な状態「障がい」となる。その障がいは，その人個人の問題だけでなく，周囲の環境にも左右され，社会的な活動の困難さも付いて回ることになる。「活動」が制限されることが「障がい」というだけでなく，社会的な参加が相当程度制限されてしまうことも「障がい」として捉えられている。

　「障がい児」についての法律は，主に「児童福祉法」に記述されている。「児童福祉法」において「児童」とは「満十八歳に満たない者」としていて，障がい児は，身体，知的，精神，発達それぞれに障害のある児童，または治療方法が確立していない疾病その他の特殊の疾病をもつ児童と定めている。

3．世界における障がいの概念

　国連においては1960年代後半より，「障がい」に関しての議論が展開されるようになった。今まではその国の見識や良識にまかせていた障がい者の問題への偏見や差別意識に関して，1971（昭和46）年の「精神薄弱者の権利宣言」（精神薄弱者：現在の「知的障がい者」の意味）を発端とし，1975（昭和50）年に国連において採択された「障害者の権利宣言」によって，差別なく平等に生活できる社会の実現を宣言した。また単なる宣言だけでなく，具体的な努力目標の期間を設けて，社会で実現しようとしたのが1981（昭和56）年の「国際障害者年」と，1983（昭和58）年から1992（平成4）年の「国連・障害者の十年」である。この10年を超えても継続的に活動は続いている（「アジア太平洋障害者の十年」，「第二次アジア太平洋障害者の十年」）。これを定めることで，世界の至ると

ころで障がい者の社会への「完全参加と平等」をうたうこととなった(茂木2007)。こうして障がい者に関してのまとまった動きがスタートしたのである。

「障がい」の概念もはっきりと整理される。WHO（世界保健機関）が1980（昭和55）年において障がいに関して3つのレベルに分けて新たに「国際障害分類（ICIDH）」を定義した。この3つのレベルとは，1．impairment（機能・形態障がい），2．disability（能力障がい），3．handicap（社会的不利）である（図1-1）。1．の「機能・形態障がい」は，機能障がいとは手足が思うように動かない麻痺（機能障がい）や手足や臓器の欠損（形態障がい）など「心身の障がいそのもの」を指す。「能力障がい」とは，生活上の必要な行為が低下して不自由を感じることで，たとえば歩くことができない，文字が書けないなどの「実際の活動が制限されてしまうこと」。「社会的不利」とは職を失なう，経済的に困難になる，社会参加ができなくなるなど，「広い意味での社会的な問題」を指している（上田2005）。

この国際障害分類については，成立直後からさまざまな批判があった。その批判とは，主に，①矢印が運命論的で時間的にも順序があると考えている（障がいに関しての決め付け），②マイナス面ばかりみている，③環境が考慮されていない，④作成過程に障がいのある人自身の参加がなかった，⑤欧米中心でその他の文化を考慮していない，などであり，この数多くの批判より全世界で早々に改訂が行われていく（上田2005）。障がいは「壁」（マイナス面）に目が向きやすいが，たとえば足に疾患があれば車いすや電動車いす，杖などの補助がつき，それを活用できるスペースが配慮されるという③に対する「環境面で

図1-1　ICIDH（国際障害分類）モデル（1980）

出所）上田敏　『ICFの理解と活用——人が「生きること」「生きることの困難（障害）」をどうとらえるか』きょうされん，2005年，p.9

の支援」が加われば，自立した生活が送られたり，参加できなかったものが参加できるようになったりする。これは障がいについてのマイナス面②だけではなく，できることの「プラス面」をみる必要があることを示している。保有している力からできることはたくさんある。その力を活用することなどが「国際障害分類」では加えられていない。

しかし，「障がい」に関して3つのレベルがあるということを打ち出したのはICIDHの大きな功績であり，はっきりとレベル分けをしたことで，機能・形態障がいがあっても能力障がいや社会的不利を解決することができるということが理解できるようになった功績は大きい（上田2005）。

ICIDHの全面的な改訂作業から生まれたのがWHO総会で採択された「国際生活機能分類－国際障害分類改訂版－(International Classification of Functioning, Disability and Health: ICF)」である。ICFにおいては重要視されるのがマイナス面として「障がい (Inpairment, Disabilities and Handicaps)」を捉えるのではなく，これらをプラス面としての「生活機能 (function)」としても捉えたことである。生活機能とは，「人が生きること」の全体を示すもので，「身体機能・構造 (Body Functions & Structures)」「活動 (Activities)」「参加 (Participation)」の3つのレベルという機能性によって分類している（上田2005）。そこに，「健康 (Health Condition)」因子と「背景」因子（環境因子 (Enviornmental Factors) と個人因子 (Personal Factors) の2つ）と，3つが縦に重なって，それぞれがお互いに双方向的な関係で示されている（図1-2）。

たとえば脳性まひをもつ子どもがいるとして，その子の健康状態は「脳性まひ」となる。心身機能・身体機能は「上肢・下肢の筋力低下の程度」，活動については「移動の困難さの加減」，参加では「自分で買い物などに出かけられるかどうか」などとなるだろう。そして環境因子においては「車いすの有無」や「家族の協力の有無」などがあげられ，個人因子としては「外向的・内向的性格」であるかということが関係してくる（図1-2）。このように，ICFによってその人の客観的な実態の把握をすることができるようになる。

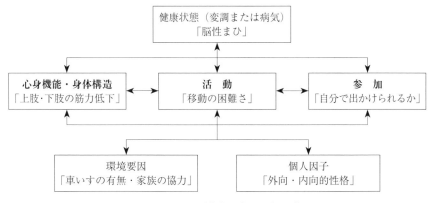

図1-2 ICFの構成要素間の相互作用

出所）世界保健機関編／障害者福祉研究会編『ICF国際生活機能分類 ―国際障害分類改定版―』中央法規，2002年，p.17を一部加筆

　また人間を捉えるにあたっての見方として「医学モデル」と「社会モデル」の2つがある。「医学モデル」とは，個人の疾病・疾患そのものに焦点を当て，その疾病部位を治療する医療・医学的な見方であり，ICFにおいては「身体機能・構造」「健康状態」にあたるものである。「社会モデル」とは，障がいとは社会のなかでつくられているという考えで，ICFににおいては「参加」や「環境因子」にあたる。この2つのモデルであるが，片方だけではバランスの取れた見方にはならない（上田2005）。脳梗塞で足にまひが残ったが，懸命なリハビリテーション（医学モデル）によって歩けるようになった人が，段差や階段を登ることが難しい場合には，杖や車いすの使用，また車いすの通ることができるスロープやエレベーターが必要になる（社会モデル）。ある特定の場所で腹痛を引き起こす人の場合であれば，ストレス下のある環境から一時的に離れ（社会的モデル）かつ腹痛の薬を投与する（医学モデル）ことで，腹痛をおこさずに生活を行うことが可能となるであろう。この双方が満たされることによって始めて障がいをもつ人が，障がいを意識することなく社会的な参加ができたり，活動を行ったりすることができる。ICFは，この2つのモデルを合わせたものであり，「統合モデル」ないしは「生物・心理・社会モデル」とされてい

る。

　障がいをもつ子どもたちに関してWHOでは2002（平成14）年よりICFの派生分類としてICF-CY（ICF version for Children and Youth, ICF児童青年期版）の検討がすすめられており，2006（平成18）年10月よりICF-CYがWHOに承認された。ICF-CYは，0〜20歳をその対象としている。ICF-CYを策定した背景としては，児童青年期は「身体的，肉体的，社会性においても急激に成長・変化する状態であること」，「障害の発現や慢性的な状態は成人以上に大きな影響を及ぼすこと」があるとして，その点に配慮をした構成となっている（国立特別支援教育総合研究所2007）。

　このように，個々人においてICFの3つの「生活機能」がどの程度まで実行できているか？　そこから活動（変調または病気）がどの程度影響を与えており，また環境や状況としての「環境因子」と「個人因子」がどの程度影響を与えているのかを明らかにし，本人が難しいと思われる制約を少しでも取り除く必要があり（尾野2016），そのための状態を客観的・具体的に把握するものとしてICFが活用されているのである。

　このように「障がい」に関しては，ICFのように，文化的社会的影響としての外的要因，疾病としての内的要因や段階などが複雑に絡んで定義されるもので，けっして簡単なものではない。なぜなら，内的要因や外的要因がまったく同じ人というのは，存在しないからである。たとえば2人の同じ疾病と同じ症状をもつ人がいても，たとえば外的環境が交通機関の整った地域とそうでない地域とではまったく違うであろう。また，その人それぞれの金銭や住環境などの違いも大きい。同じであることがないからこそ，個々の外的・内的状態をICFに落とし込む必要がある。個人個人がまったく違うからこそ，それを取りまとめ，すべての人に理解のできる「共通のものの考え方・とらえ方」（共通言語）が必要となってくる。ICFというのは，さまざまな要素が絡んだものを取りまとめ，相互理解や問題解決の促進となるもの（上田2005）として成り立っているのである。

第2節　日本の障がい児保育の歴史

　保育のなかで，障がい児の動向としては，戦前から戦後にかけて，①「保育（教育）の対象になっていなかった時期」，②「先駆的取り組みで障がい児を受け入れるようになった時期」，③「制度化され，少しずつ改善されていった時期」に区分されている（井村・相澤 2016）。また歴史とともに，「分離保育（セグリケーション）」から「統合保育（インテグレーション）」「インクルーシブ（包括・包含）保育」と受け入れの種類も３つの種類がでてきている。ここでは，主に戦後障がい児保育がどのような変遷を歩んだかをみてみよう。

　戦前より障がい児に対して先んじた動きをした人物の一人として，三木安正（1911-1984）がいる。三木が主導して 1938（昭和 13）年，恩賜財団愛育会によって「愛育研究所異常児保育室」が開設され，７～８歳児の 13 名の障がい幼児が入所し指導をうけたとされる。ここでは「集団，遊び，作業，生活」の４つの柱によって保育がなされていた。1955（昭和 30）年には，わが国最初の幼稚部を併設した養護学校である「愛育養護学校幼稚部」となった。しかし戦後まもなくのこの時代はまだ保育所や幼稚園で，障がいをもつ子どもたちの受け入れができる状態ではなく，1960 年前半までは障がい児に就学は「猶予・免除」であり保育・教育をうける権利が奪われていた。彼らに対して療育の場は施設入所しかなかったのである（尾野 2016，伊藤 2016）。

　1963（昭和 38）年，厚生省中央児童福祉審議会では「保育に欠ける」状況の定義が見直され，続けて 1964（昭和 39）年の第二次中間報告では，「保育に欠けるという理由で入所する子どものなかには軽度の心身障害児のいることは避けられない。これらの子どものためには治療的な指導を行うことのできる特別保育所を設置するよう検討する必要がある」とされた。1960 年代になって国の施策としてようやく，対象が軽度の障がい児という点があれど，障がい児の保育に目が向けられるようになった。これらは「特別保育所の設置」という分離保育（セグリゲーション）を主とした保育として考えられていた（井村・相澤

2016, 尾野 2016)。

　糸賀一雄は，戦後まもなく，戦災孤児らのために，滋賀県大津市において，「近江学園」を創設した。糸賀は知的障がい児の発達支援も行っており，1963（昭和38）年に重症心身障害児施設である「びわこ学園」を設立。1973（昭和48）年，「障害乳幼児対策1974大津方式」が発達保障の理念によってはじめられている（井村・相澤 2016）。早期発見・早期療育をかかげ，「市立の保育所に10名，民間保育所に21名，私立幼稚園に42名，民間幼稚園に2名，計75名の障害児」全員を受け入れるということを行った。この統合保育（インテグレーション）に似た動きは，「近江学園」がかかげる「共に生きる」「この子らを世の光に」という理念があったことや，積極的に障がい児を受け入れていた私立保育所の存在，保健師による障がい児への親子教室の活動などがあったことが背景にあるといわれている。この「大津方式」の特徴としては，1．障がい程度，種別関係なく，制限なしで受け入れたこと，2．障がい児をもつ親の職業の有無に関わらず制限を付けなかったということである。今でも障がいの軽重や状態，親の職の有無はサービスをうけることや施設等受け入れに影響をうける場合がある。大津方式は，今現在においても前衛的な方式である。

　厚生省は1974（昭和49）年，「障害児保育事業実施要綱」を定めた。この要綱によって，わが国ではじめて全国的に保育所での障がい児保育を実施することになった。ここでは対象児は「おおむね4歳以上」，「障がい程度が軽い」，「集団保育が可能」，「毎日通所できる」子どもとされている。また保育所定員90名以上，そのなかで障がいのある子どもが一割程度通所している場合に限って保育士2名の配置と3分の1の経費補助を行うこととした。これは指定された保育所で障がいのある子どもを受け入れることから「指定保育所方式」と呼ばれていた（伊藤 2016）。また同年文部省では同じく「心身障害児幼稚園補助金交付要綱」（公立幼稚園）と「私立幼稚園特殊教員費国庫補助金」を設けて，障がいをもつ子どもを受け入れている幼稚園においても補助金が出るようになった。このように，徐々に統合保育（インテグレーション）が日本でも行わ

れるようになってくる。

　1978（昭和53）年，早々に「障害児保育事業実施要綱」が廃止され，代わりに厚生省児童家庭局長通知「保育所における障害児の受け入れについて」が出される。これによって「対象を保育所で行う保育になじむものにしたこと」「年齢制限をなくしたこと」「一般的に中程度までの障がい児を対象にしたこと」「受け入れはそれぞれの保育所において集団保育が適切にできる範囲の人数」（井村・相澤 2016）とし，保育所の障がい児受け入れのさらなる拡充が行われたのである。そして 1979（昭和54）年には，今まで「就学猶予・免除」といわれていた障がい児に対して，ようやく養護学校が義務教育として定められたのである。

第3節　障がい児保育の現状

　2007（平成19）年に「学校教育法」が改正され，「特別支援教育」がはじまった。「学校教育法」では，幼児児童生徒の自立や社会参加に向けた取り組みを支援することを理念のひとつとしている（伊藤 2016）。保育所における障がい児保育は，1974（昭和49）年の「障害児保育事業実施要綱」以降，障がい児への受け入れが拡大していき，積極的に受け入れがなされているが，地域格差が大きいとの指摘もある。また 2003（平成15）年度には「障害児保育事業費」が補助金制度から一般財源措置化された。補助金がなくなることで，市町村の財政によっては障がい児保育が後退する懸念もある。

　また 2012（平成24）年施行の「児童福祉法」の改正によって，障がい児への福祉制度が大きく変化し，多くの事業が行われることになった。市町村と都道府県管轄のものがあった通所サービスと入所サービスを，通所サービスを市町村管轄，入所サービスを都道府県管轄として一元化し，障害児通所支援 4 つ，障害児入所支援 2 つの合計 6 つにまとめられることとなった。

　このような一元化の目的は，身近な地域で支援がうけられる体制をつくるこ

とにあり，療育手帳などの手帳取得の障がい認定がなくとも利用可能で，障がいのある子どもやボーダーラインとされている子どもにとっては非常に使いやすいサービスとして成り立つことになり，早期対応の可能性も広げている。「障害児通所支援」において就学前（保育対象）の障がいがある子どもへの支援としては，「児童発達支援」（障がいのある子どもを療育する通所施設）と「医療型児童発達支援」（医療的配慮が必要とされる子どもを療育する通所施設），「保育所等訪問支援」（保育所等（幼稚園，学校，特別支援学校なども含まれる）を訪問し，専門的に指導等を行う事業）という3つのサービスに分類され，また入所施設においては「福祉型障害児入所施設」「医療型障害児入所施設」と2つの施設に分類される。

保育所や幼稚園での統合保育を促進させると同時に，分離保育としての「児童発達支援」や「児童発達支援センター」を推し進め，場面や障がいに応じた支援や療育を地域のなかでうけることができるようになった。数は爆発的に増え続けており，厚生労働省の「平成26年社会福祉施設等調査の概要」のなかでは，2013（平成25）年には2,802カ所だった事業所が1年後の2014（平成26）年には3,258と激増している（就学児童対象の「放課後等デイサービス」ではさらに顕著で，2013（平成25）年に3,909カ所が2014（平成26）年で5,267カ所）。しかし一方で，数の増加により，職員不足や不正請求などを行う事業所などが増えているという新たな問題も出始めている。

また，法律等では，2013（平成25）年に成立した，障がい者の不当な差別的取り扱いの禁止，合理的配慮の提供などを盛り込んだ「障害を理由とする差別の解消の推進に関する法律（障害者差別解消法）」や2016（平成28）年に個々の支援目標を明記する教育計画を新たに盛り込む「発達障害者支援法改正」が成立し，障がいへの啓蒙・啓発や，より深い，細やかな支援があげられている。

このように，障がい者，障がい児の周辺は多様に変化している。変化が劇的なため，確かに新たな問題も生み出しているが，時代として障がい者，特に障がい児に対する行政の支援策，または試み等は確実に過渡期を迎えている状況

であり，新しい重層的な支援に至る転換期であることには間違いないであろう。

参考文献

小学館「大辞泉」編集部『大辞泉』小学館，1995年
井村圭壯・相澤譲治編著『現代の障がい児保育』学文社，2016年
世界保健機関編／障害者福祉研究会編『ICF国際生活機能分類―国際障害分類改定版―』中央法規，2002年
上田敏『ICFの理解と活用―人が「生きること」「生きることの困難（障害）」をどうとらえるか―』きょうされん，2005年
国立特別支援教育総合研究所編『ICF及びICF-CYの活用：試みから実践へ―特別支援教育を中心に―』ジアース教育新社，2010年
伊藤健次編『新・障害のある子どもの保育［第3版］』みらい，2016年
尾野明美編『保育者のための障害児保育―理解と実践―』萌文書林，2016年
茂木俊彦『障害児教育を考える』岩波新書，2007年
厚生労働省「平成26年社会福祉施設等調査の概況」2015年
　　　http://www.mhlw.go.jp/toukei/saikin/hw/fukushi/14（アクセス：2016.7.7）
『教育新聞』2016年5月26日
内閣府「障害者差別解消法リーフレット」

第2章 障がい児保育の基本

第1節　障がい児保育とは

　一般に障がい児保育とは,「障がいのある乳幼児を対象とした保育全般のこと」であると定義されている。そして障がい児保育が実践されている場としては,保育所,幼稚園,児童発達支援センターなどがあげられる。児童発達支援センターは従来の知的障害児通園施設,肢体不自由児通園施設,難聴幼児通園施設などを統合した施設である。また障がい児の保護者支援も障がい児保育に含める考え方もある。

　乳幼児期における適切な保育は,障がいの有無に関係なく,乳幼児の心身の発達にとって大切なことである。障がい児保育の目標も健常児と異なった特別な保育の目標があるわけではなく,基本的な目標は子どもとして健全に育っていくために欠かすことのできない,生活体験や学びの機会を保障しようとするものである。

　障がい児保育の目的は,「保育所保育指針」と「幼稚園教育要領」に次の通り記されている。

① 集団生活を通じて,障がいのある子どもの発達を促すこと。
② 障がいの種類や程度に応じて適切に配慮すること。
③ 家庭や専門機関との連携を図ること。
④ 障がい児との交流によって,健常児の発達が促進されること。

第2節　障がい児保育の形態

1．障がい児保育の形態

　障がい児保育の種類と形態は，図2-1に示すように，①統合保育，②分離保育，③交流保育・並行通園の3つに大別することができる。

2．統合保育

　統合保育とは，一般の保育所や幼稚園などにおいて，障がい児と健常児を一緒にともに保育活動をする保育形態のことである。一般的には健常児が活動する保育の場で，少数の障がい児を受け入れる形式で行われており，保育所や幼稚園のクラスで加配の保育士等のサポートを得ながら保育をうけている。

　保育所では，障がいのある幼児のうち集団保育が可能で日々通所できるものを対象にしている。そして障がい児と健常児との統合保育を通じて基本的生活習慣や遊び，言葉や運動動作などの指導を行い，望ましい未来の力をつくり出

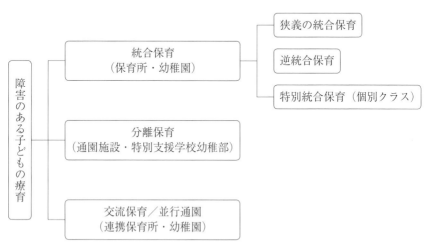

図2-1　障がいのある子どもの保育形態

出所）小林保子・立松英子『保育者のための障害児療育』学術出版会，2013年，p.55

す基礎を培うことを統合保育の目的にしている。また幼稚園では，原則として満3歳から小学校入学までの比較的軽度の障がいのある幼児を対象にしている。そして基本的には健常幼児との統合保育によって，集団生活を通して生きる力の基礎を育成するとともに全体的な発達を促すことを目的にしている。

　このように障がい児が健常児の集団と生活や学習経験をともにする機会を多くもつことによって，障がい児の心身のよりよい発達が期待される。具体的には，障がい児が健常児からの多くの刺激をうけ，五感を通して周囲の子どもたちの動きや人との関わり方，日常生活の仕方を学ぶことにつながる。また肢体不自由児の場合には，障がい児が自分自身と健常児との違いがあることを意識し，「正しい障がいの理解」「障がいの受容」にもつながると思われる。これらは障がい児と健常児とが日常的に生活をともにすることにより経験できることである。

　一方では健常児が障がい児とともに遊び，学ぶことにより，困っている友達がいれば，助け合うことなどを自然と学ぶことになる。その結果「優しい心」「思いやりの気持ち」を育むことにつながる。またこうした経験を幼児期から経験することで，「障がいの正しい理解」「障がいは特別なことではない」考え方を促進することにも効果があると思われる。

　ただ統合保育には課題もある。一般的に保育所や幼稚園は，健常児の保育を前提に保育活動が行われているため，障がい児の個別の特別なニーズに対応した保育や専門的な支援を提供することが難しい状況にある。身体障がい児など関しては，施設設備が必ずしも十分に整っていない場合も多く，そうした場合には障がい児や保育士等，支援員，介助員などの負担も重くなる。

　また保育士等が障がい児への適切な保育方法，保育技術，保護者への対応などについて不安を感じていることもあげられる。実際に障がい児や健常児にとって本当に求められる障がい児保育を実施することは大変なことであり，一人ひとりの障がいの種類，程度，心身の状態，家庭環境は異なっており，個別の配慮，対応が必要となってくる。保育士等の障害に対する知識が十分でなかっ

たり，保育所，幼稚園全体での障がい児保育を行う体制が不十分であると，障がい児への関わりを十分に行うことが難しくなる。

　さらに障がいの診断名はついていないが，保育活動中で障がいが疑われるなどの「気になる子」への対応についても手探りの状態で保育を行っている保育者も多いと考えられている。

3．分離保育

　分離保育とは，通園施設や入所施設などにおいて障がいのある乳幼児のみを対象として保育を行う保育形態のことである。具体的には児童発達支援センター，障害児入所施設，特別支援学校（視覚障がい，聴覚障がい，知的障がい）幼稚部などで実施されている。

　児童発達支援センターは，地域の障がいのある児童を通所させて，日常生活における基本的動作の指導，自活に必要な知識や技能の付与または集団生活への適応のための訓練を行う施設である。福祉サービスを行う「福祉型」と，福祉サービスに併せて治療を行う「医療型」がある。対象は，身体に障がいのある児童，知的障がいのある児童または精神に障がいのある児童で，発達障がい児も対象に含まれている。ただし医療型については，上肢，下肢または体幹機能に障害のある児童となっている。なおサービス利用にあたっては障害者手帳の有無は問わない。

　福祉型児童発達支援センターでのサービスの内容は次の通りである。

① 児童発達支援：日常生活における基本的な動作の指導，知識技能の付与，集団生活への適応訓練などを行う。
② 放課後等デイサービス：授業の終了後または休業日に，通所により，生活能力の向上のための必要な訓練，社会との交流の促進等を行う。
③ 保育所等訪問支援：保育所など児童が集団生活を営む施設等に通う障がい児につき，その施設を訪問し，その施設における障がい児以外の児童との集団生活への適応のための専門的な支援などを行う。

医療型児童発達支援センターでのサービスの内容は次の通りである。
① 医療型児童発達支援：上肢，下肢または体幹の機能の障害のある児童に対する児童発達支援及び治療を行う。

障害児入所施設は，障がいのある児童を入所させて，保護，日常生活の指導及び自活に必要な知識や技能の付与を行う施設である。福祉サービスを行う「福祉型」と，福祉サービスに併せて治療を行う「医療型」がある。対象は，身体に障がいのある児童，知的障がいのある児童または精神に障がいのある児童で，発達障がい児も対象に含まれている。ただし医療型については，知的障がい児（自閉症児），肢体不自由児，重症心身障がい児のみとなっている。なおサービス利用にあたっては障害者手帳の有無は問わない。

福祉型障害児入所施設でのサービスの内容は次の通りである。
① 食事，排せつ，入浴等の介護
② 日常生活上の相談支援，助言
③ 身体能力，日常生活能力の維持・向上のための訓練
④ レクリエーション活動等の社会参加活動支援
⑤ コミュニケーション支援
⑥ 身体能力，日常生活能力の維持・向上のための訓練

医療型障害児入所施設でのサービスの内容は次の通りである。
① 疾病の治療
② 看護
③ 医学的管理の下における食事，排せつ，入浴等の介護
④ 日常生活上の相談支援，助言
⑤ 身体能力，日常生活能力の維持・向上のための訓練
⑥ レクリエーション活動等の社会参加活動支援
⑦ コミュニケーション支援

また障がい児に対する通所施設，入所施設はともに，以前は障がい種別ごとに分かれていたが，複数の障がいに対応できるよう2012（平成24）年度より一

元化が行われている。ただし、これまで同様に障がいの特性に応じたサービス提供も認められており、実際には障がい種別ごとのサービス提供を行われていることも多い。

　特別支援学校幼稚部では、幼稚部における教育は、「学校教育法」第72条に規定する目的を達成するため、幼児期の特性を踏まえ、環境を通して行うものであることを基本としている。このため、教師は幼児との信頼関係を十分に築き、幼児とともによりよい教育環境を創造するように努めるものとする。「特別支援学校幼稚部教育要領」には、教育の留意点を次の通り示している。

① 幼児は安定した情緒の下で自己を十分に発揮することにより発達に必要な体験を得ていくものであることを考慮して、幼児の主体的な活動を促し、幼児期にふさわしい生活が展開されるようにすること。

② 幼児の自発的な活動としての遊びは、心身の調和のとれた発達の基礎を培う重要な学習であることを考慮して、遊びを通しての指導を中心として第2章に示すねらいが総合的に達成されるようにすること。

③ 幼児の発達は、心身の諸側面が相互に関連し合い、多様な経過をたどって成し遂げられていくものであること、また、幼児の生活経験がそれぞれ異なることなどを考慮して、幼児一人ひとりの特性に応じ、発達の課題に即した指導を行うようにすること。

　こうした教育目標を達成するために、教師は、幼児の主体的な活動が確保されるよう幼児一人ひとりの行動の理解と予想に基づき、計画的に環境を構成しなければならない。この場合において、教師は、幼児と人やものとのかかわりが重要であることを踏まえ、物的・空間的環境を構成しなければならない。また、教師は、幼児一人ひとりの活動の場面に応じて、さまざまな役割を果たし、その活動を豊かにしなければならない。

第3節 インクルージョン保育・教育

1．インクルージョン保育・教育とは

　インクルージョンとは，1980年代以降，アメリカにおける障がい児教育の分野で注目された理念である。ノーマライゼーションの理念をもとにインテグレーション（統合）の発展型として提唱された。インクルージョンとは「包み込む」「包括する」等の意味であり，障がいの有無や能力に関わらず，すべての子どもが地域社会における保育，教育の場において「包み込まれ」，個々に必要な環境が整えられ，個々に必要な支援が保障されたうえで，保育，教育をうけることである。

　1994（平成6）年，ユネスコとスペイン政府による「特別なニーズ教育に関する世界会議」が開催され，この会議において「サラマンカ宣言」が採択された。「サラマンカ宣言」では，インクルージョン教育のアプローチを促進するために必要な基本的政策の転換を検討することによって，学校がすべての子どもたち，とりわけ特別な教育的ニーズのある子どもたちに役立つことを可能にさせることが盛り込まれている。つまり通常の学校は，身体的，知的，社会的な条件などに関わらず，すべての子どもたちのために便宜を図る必要性があるとの指導原理が示されている。この「サラマンカ宣言」により，インクルージョン教育という理念と実践が世界的な原則として目指される大きな契機となった。

2．インクルージョン保育・教育の長所と課題

　インテグレーションでは，障がい児と健常児との保育，教育の場所や空間，時間を統合することに重点が置かれ，保育，教育の中身や方法，理念についての検討が十分に行われていなかった。そのため障がい児は健常児を中心とした，保育所，幼稚園のなかでいわゆる「お客さん」扱いされ，望ましい関係が育たないということがおこっていた。インクルージョン保育，また教育では，

こうした問題を解決するための実践が行われるようになった。インクルージョン保育・教育の意義のひとつは障がい児保育・教育の中身をより向上させていくことにあると思われる。

またインクルージョン保育・教育の実践意義として，障がい児を治療して正常にする，すなわち健常児に近づけるという観点ではなく，多様な人間関係，環境のなかで，それぞれの子どもがありのままにもてる能力を活かしながら，より生活しやすい保育・教育方法について探求することがあげられる。つまりインクルージョン保育・教育は個人因子（障がい）に責任を負わせるのではなく，環境因子の改善に重点を置いた新しい考え方であると思われる。

日本でも，保育所，幼稚園での障がい児の受け入れの拡大，「保育所保育指針」の改定，「特殊教育」から「特別支援教育」への移行など，障がい児保育・教育の在り方が見直され，インクルージョン保育・教育の実現に向けて，進んでいる傾向にある。しかし実際には，現在の日本の保育所，幼稚園，学校などにおいて，インクルージョン保育・教育が実質的に実践されているとは言い難い状況にある。

保育者や教師のインクルージョン保育・教育に関する知識，技術，関心不足もインクルージョン保育・教育の実践が十分でない一因であるが，人員配置や財政的な問題もあげられる。たとえば保育所における加配も，障がい児1人に保育士等1人という自治体もあれば，障がい児3人につき1人の自治体もあるというように，加配基準も自治体によって異なっている。保育士等，教師の経験や力量，障がい児の障がいの種類や程度にもよるが，その保育・教育集団に応じた必要な人員配置が行われることが望ましい。

またインクルージョンの考え方そのものが新しい考え方であり，社会全体としてはもちろんのこと，保育，教育分野においてもまだ浸透していない。しかし日本においても2016（平成28）年に「障害者差別解消法」が施行されて合理的配慮が求められるなど，社会福祉，障がい者福祉，子ども福祉，保育・教育などの制度，施策にも取り入れられてきており，今後はインクルージョン保

育・教育も徐々に広がっていくことが期待される。

参考文献

尾崎康子・小林真・水内豊和・阿部美穂子編著『よくわかる障害児保育』ミネルヴァ書房，2010年
厚生労働省編『保育所保育指針解説書』フレーベル館，2008年
小林保子・立松英子『保育者のための障害児療育』学術出版会，2013年
文部科学省編『幼稚園教育要領解説』フレーベル館，2008年
文部科学省編『特別支援学校幼稚部教育要領』文部科学省，2009年
田淵優・中本秋夫『障害児の保育と教育［第2版］』建帛社，2010年
七木田敦編著『キーワードで学ぶ障害児保育入門』保育出版社，2008年
堀智治・橋本好市・直島直樹編著『ソーシャルインクルージョンのための障害児保育』ミネルヴァ書房，2014年
本郷一夫編著『シードブック　障害児保育（第3版）』建帛社，2015年

第3章 肢体不自由児と視覚・聴覚障がい児の理解と支援

第1節　肢体不自由児

1．肢体不自由児とは
　文部科学省では，「特別支援教育について」（文部科学省HP）のなかで，肢体不自由とは，「身体の動きに関する器官が，病気やけがで損なわれ，歩行や筆記などの日常生活動作が困難な状態」としている。肢体不自由とは，体幹・四肢に運動障がいがあり，日常生活に永続的に支障があることである。

2．主な肢体不自由の原因
　乳幼児期の肢体不自由の原因は，脳性まひ，筋ジストロフィー，二分脊椎，先天性股関節脱臼など，脳，神経，骨格筋，骨，関節の形成過程においてや，さまざまな原因によっての損傷が原因となって運動機能に障がいが生じることにある。原因のなかでも，脳性まひが多い。また，肢体不自由児は，運動機能障がい以外に，知的障がい，てんかん，咀嚼（そしゃく）・嚥下（えんげ）機能障がい，言語障がい，視覚障がい，聴覚障がいなどの重複障がいをもっている場合が多い。

3．脳性まひ
(1)　脳性まひの原因
　小頭症や水頭症のような遺伝子や染色体異常による脳の先天性奇形や風疹や

梅毒など，胎児が胎内感染することによるものや，低酸素性虚血性脳症や頭蓋内出血，核黄疸，感染症などによるものがある。

(2) 脳の損傷部位による主な分類

痙直型は，上位運動ニューロンが損傷され，四肢の運動に関する筋肉が不必要に硬くなり，腕を伸ばそうとしても筋肉が収縮してしまい，上手く肘を曲げることができない，上肢を動かすと下肢も緊張がおこるなど，自分の意思とは違った動きになってしまう。幼児期では，このようなアンバランスな筋肉によって関節が動かしにくく，脱臼や変形がおこり，姿勢の悪化や運動障がいの重症化に繋がることがある。

アテトーゼ型（不随意運動型）は，大脳基底核が損傷され，不随意運動を特徴とする。アテトーゼ（athetosis）とは，虫が這うようなムズムズした動きを指す言葉であり，不随意運動をいう。四肢のみでなく頸部や顔面にも異常な運動が生じる。発語や発声に関わる運動障がいがあり，言語障がいを伴う。

そのほかに固縮型，失調型は，筋緊張がない無緊張型や強直と不随意運動を併せもつ混合型がある。

4．保育場面での支援の実際と留意点

(1) 姿勢の特徴と支援方法

重度な肢体不自由児は，寝たままの姿勢を続ける，座位がとれる程度の運動発達の場合が多い。反り返る，体の一部に異常に力が入る，もしくは力が入らない状態で，リラックスできない，良い姿勢が保つことができない。

長時間このような姿勢で過ごしていると，関節が変形，拘縮したり，骨の変形，股関節脱臼をおこす。子どもに合ったリラックスできる姿勢は，重要となる。クッション等を活用し，身体と接地面の隙間を埋め，体重が分散できるような姿勢をとることが大切である。また，2時間以上同じ姿勢で過ごさないようにする必要がある。顔の向きが同じ方向へ向かないようにおもちゃを活用し，顔の向きの固定を防ぐようにしている。

(2) 日常生活動作への支援

移動動作，トイレ動作，着脱動作，食事動作ができるかぎり自立して行えるように支援することが重要である。そのためには，一人ひとりの状態に合わせた環境を整える必要がある。たとえば，着脱時では，安定した姿勢がとれるような椅子や足先に手が伸ばしやすいような低い台に座って行うなど，姿勢や着やすい洋服などに配慮することで，より一人で行いやすくなる。

(3) あそびを通しての発達への支援

肢体不自由児は，身体に力が入りリラックスしにくいため，セラピーボールやエアートランポリン，毛布ブランコなどをあそびに取り入れ，全身がリラックスできるようにしている。意図的に肘立ち・膝立ち姿勢をとり，胸椎など筋力がつく姿勢であそびを行い，あそびを通して身体の発達を楽しく促していく。

あそびを通して，コミュニケーション力をつけるため，あそびのなかで本人の意思表示方法を探る，目をあわせてコミュニケーションをとる，ことばの表出を促す，「やってみたい」気持ち・「ワクワク」の期待から自然に心が動き身体が動くあそびを準備することが大切である。

(4) 医療的ケアの必要性

肢体不自由児のなかには，医療的ケア（たん吸引やチューブを使って鼻やお腹から栄養をとるなど）が必要な子どもが増加している。このような子どもの受け入れ先は少ないのが現状である。家族は，そのため十分な休息をとることができていない。保育者は，家族へのケア，兄弟・姉妹へのケアも行っていく必要がある。

第2節 視覚障がい児

1．視覚とは

眼球，視神経，大脳視覚中枢等の働きによって，ものを見ることができる。

具体的には，ものが見えるまでの流れは，次のようになっている。外界からの視覚情報は，角膜で屈折し，水晶体で屈折し，硝子体のなかを通り網膜に伝達される。網膜に到達した光刺激は，視覚神経から後頭葉の視中枢に達して，ものを見ること，「視覚」ができる。

2．視覚障がいとは

　視覚障がいは，ものを見るまでのいずれかの部位に疾病や機能低下によって，見えないまたは，見えにくい状態となっていることである。視覚は，視力だけではなく，視野，色覚，光覚（暗順応・明順応），コントラスト感度，調整，屈折，眼球運動などの機能からなっている。見えないや見えにくい状態は，何らかの視覚の機能がひとつまたは，複数の機能が働かない・働きが十分でないため生じる。また，眼鏡などを使用して，視機能が一定程度まで改善するものについては，視覚障がいとはいわない。

3．盲と弱視

⑴　盲（blindness）

　「盲」とは，視覚的情報をまったく得られない，あるいはほとんど得られない状態のことをいう。そのため，視覚を用いて日常生活を行うことが困難な状態である。しかし，「盲」といってもまったく見えないのではなく，明るい所と暗い所の区別ができる光覚がある場合，目の前の手の動きがわかる手動弁，目の前の指の数がわかる指数弁などもある。「盲」は，視力は，少しあっても文字や形態等を視覚で認知することが困難である。点字を使用し，文字の認知を行う。

⑵　弱視（low vision）

　「弱視」とは，視覚情報が伝わる経路のどこかに支障があるため，片目もしくは両目に適切な視覚刺激をうけることができなかったため視力の発達が止る，あるいは遅れている状態である。眼鏡などで視力を矯正しても視力が0.3

未満である。また、一人ひとり見え方が違うため、個別の支援が必要である。

4．斜　　視

　斜視とは、眼球の方向（眼位）が、ものを見る時に、片目は正面を向いているがもう一方の片目は違う方向を向いてしまっている状態である。片目が内側を向くことを内斜視といい、片目が外側を向くことを外斜視という。斜視の原因は、目を動かす筋肉や神経の異常によるものや、遠視によるもの、目の病気よるもの、脳の病気によるものなどがある。二重にものが見えたり、片目しか使わなくて視力発達が妨げられる場合がある。

5．保育場面での支援の実際と留意点

(1) 視覚障がい児の特徴

　視覚障がい児は、周囲の環境を把握することが難しく、自発的な行動が制限されてしまいがちである。じっとしていることが多かったり依存的になりやすくなる。視覚情報が得られず、言葉の概念や知識を獲得するのに時間がかかってしまう。さまざまな生活動作について視覚障がい児は、見て模倣することが難しいため、動作や技術の習得に時間と援助が必要である。

(2) 基本的生活習慣

　個人差が大きいため、無理強いせず、他者と比較せずに、少しずつ自立できるように保育者が一緒に楽しく行うことが大切である。洋服の前後が区別できるようにボタンをつけたり、着る順番に服をおくなどの配慮をすることで一人で行うことができる。見守りや一人でできるように環境を整えることは、身辺の自立を促すだけではなく、手指の操作動作を高めていくことにもつながる。

　食事では、手づかみではあるが、自分で食べることから始める。手で触れ、食物を確認し、食物の温かさ、味、お盆の上のお皿がどの位置にどんな食物があるのかなどを確認しながら、まずは自分で食事を楽しみながら食べられるようにする。

(3) あそびを通しての運動・歩行

　視覚障がいのある子どもは，運動量が少なくなりがちである。そのため，始歩が障がいのない子どもに比べると，ゆっくりである。また，保護者が心配し過ぎて運動する機会が少なくなりがちである。まずは，見えないことによる外界の恐怖心に配慮し，手を引きいろいろなところを一緒に歩いてみることから始める。次に，安全に配慮した小さい部屋を壁伝いで，一人で歩く練習をし，保育者が離れた所より音を鳴らし，音が鳴る方に一人で近づくなど，あそびや保育者との関わりのなかで，生活範囲を広げ，発達支援につながっていく。

(4) 気になる行動への気づき

　保育するなかで，極端に目を近づけてものを見ている，指で目押し，眼前での手の揺らしを行っている場合は，見えにくさがないか確認をしながら保育を行う必要がある。

(5) 点字絵本

　絵の部分は，隆起印刷と説明文で，文章はそのまま点字で訳されている絵本がある。絵に合わせてさまざまな布で貼り絵をされたものもある。まだ出版物は少ないが，保育のなかで活用していくことができる。

第3節　聴覚障がい児

1．聴覚障がいとは

　文部科学省は，「身の回りの音や話し言葉が聞こえなかったり，ほとんど聴こえない状態をいう」と定義している。外耳から大脳までのいずれかの部位に支障をきたし，きこえに支障がある。

2．聴覚障がいの分類

(1) 伝音難聴

　外耳，鼓膜，中耳の異常で聴力低下になった状態である。先天性外耳道閉鎖

症や中耳炎によるものがある。

(2) 感音難聴

内耳から聴覚視野までに異常が生じたため，音の聞こえが悪くなった状態である。感音難聴には，遺伝性難聴がある。遺伝性難聴は，両親またはどちらかの親が聾者であることが多い。難聴以外には，身体的な障がいはない場合が多い。

先天性風疹症候群は，母親が妊娠中に特に初期に風疹に罹り，生まれてくる子どもが難聴になる。加えて視覚障がいや心臓奇形，小頭症など重複障がいをもっていることがある。その他にも感音難聴には，髄膜炎や騒音性難聴，頭部外傷性難聴など先天的な難聴と後天的な聞こえの障がいがある。

(3) 混合難聴

伝音難聴と感音難聴の両方の症状を併せ難聴である。外耳および内耳の両方に損傷がある難聴である。音が小さく聞こえる，聞き取りが困難な場合がある。

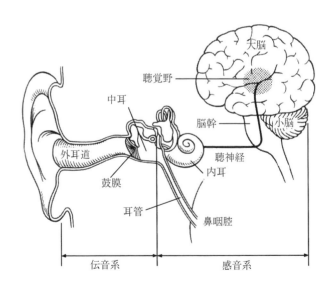

図3－1　聴器の構造

出所）篠田達明監修『視覚・聴覚・言語障害児の医療・療育・教育』金芳堂，2005 年，p.123

3．新生児聴覚検査（聴覚スクリーニング）

　新生児は，生まれた病院で退院するまでに新生児聴覚スクリーニングとよばれている耳が聞こえているかを調べる検査をうけることになっている。この検査は，任意検査であるが，新生児1,000人に1から2人の割合で難聴が発見されている。発見が遅れると，言語能力やコミュニケーション能力が正常に発達できなくなる。

4．保育場面での支援の実際と留意点
(1) 聴覚障がいの早期発見

　子どもの様子から聴覚障がいを早期発見することが重要である。間近で音がした時の反応からわかることもある。音や声の方を向かない，離れたところからよばれても反応しない，片言で話す，なかなか歌の音程がとれない，近距離なのに大きな声で話をする，そんなに小さい声で話をしていないが何度も聞き返すようなときには聴覚に異常がある場合がある。

5．保育場面での留意点

　生後1週間もすると母親の口の動きに共鳴し動かそうとする特性がある。どうせ聞こえないではなく，表情豊かにコミュニケーションを行うことが大切である。関わりのなかで言葉の土台づくりができてくるのである。ことばができなくても指さし等を活用し自分の思いの伝え方を獲得していくことができる。

　対人関係においては，聞こえないために勘違いや聞き違い，思い込み，理解不足のためにトラブルになりやすい。集団では，人の真似をしていることもあるため，しっかり理解ができているか確かめたり，個別に指示をしたりや絵で説明を加えるなど視覚支援も加える必要がある。

参考文献

厚生労働省「平成18年度身体障害児・者実態調査結果」厚生労働省社会・援護局

障害保健福祉部企画課，2008 年
安藤隆男・藤田継道『よくわかる肢体不自由児教育』ミネルヴァ書房，2015 年
篠田達明『肢体不自由児の医療・療育・教育　改訂3版』金芳堂，2015 年
柴田裕一『視覚障害児・者の理解と支援　新版』北大路書房，2015 年
奥野英子『聴覚障害児・者支援の基本と実践』中央法規，2008 年
エリック・カール『点字つき絵本　はらぺこあおむし』偕成社，2008 年
わかやまけん『(てんじつきさわるえほん）しろくまちゃんのほっとけーき』こぐま社，2009 年

第4章 知的障がい児の理解と支援

第1節 知的障がいとは

　子どもの発達は一人ひとり異なり，それぞれに個性があるが，多くの子どもは同じような発達の経過をたどる。これを「定型発達」という。知的障がい児とは，この「定型発達」の子どもと比べて知的発達が明らかに遅い子どもを指す。

1．定　義

　知的障がい（Intellectual Disability）とは，以下の3つの基準を満たす場合に診断される[1]。
(1) 臨床的評価および個別化，標準化された知能検査によって確かめられる，論理的思考，問題解決，計画，抽象的思考，判断，学校での学習，および経験からの学習など，知的機能の欠陥。
(2) 個人の自立や社会的責任において発達的および社会文化的な水準を満たすことができなくなるという適応機能の欠陥。継続的な支援がなければ，適応上の欠陥は，家庭，学校，職場，および地域社会といった多岐にわたる環境において，コミュニケーション，社会参加，および自立した生活といった複数の日常生活活動における機能を限定する。
(3) 知的および適応の欠陥は，発達期の間に発症する。

これらの基準の程度により，さらに，軽度・中等度・重度・最重度に分類される。分類については，以前の診断基準では知能指数（IQ：Intelligence Quotient）を中心に診断されていたが，2013（平成25）年にDSM(Diagnostic and Statistical Manual of Mental Disorders,『精神疾患の診断・統計マニュアル』)がDSM-5として改訂され，知能指数だけでなく子どもの生活上の困難さや社会的な適応の程度とあわせて総合的に判断することとなり，新たな視点が付け加えられたといえる。

しかしながら，今もなお，知的障がいの診断基準として，知能指数が重要な指標であることは明白である。一般的に，知能指数にしたがって，境界知能（IQ71～84），軽度（IQ50～70），中等度（IQ35～49），重度（IQ20～34），最重度（IQ20未満）に分類される。なお，「定型発達」と知的障がいの間に位置する境界知能の子どもは「ボーダーライン」とよばれている。これらの子どもたちは，身辺自立などには遅れが目立たない一方，「定型発達」の子どもたちより理解が遅く，集団場面でのやり取りや行動面においても困難が生じることが多々みられるので，集団では特別な配慮が望ましい。

2. 要因

知的障がいは単一の病気ではなく，全般的な知的機能の弱さ，発達遅滞，社会的な適応障がいという症状からなる状態像といえる。知的障がいの要因は多種多様であるが，主に，その発生に関連した要因が明らかな型（病理型）と明らかでない型（生理型）の2つに分類される。

(1) 病理型

知的障がいの背景となる脳障害が明らかなもの，あるいは明らかに推測できるものがある場合をさす。先天性のものか，乳児期，特に，周産期から新生児期に生じる疾患が多い。疾患のなかでは，染色体異常が約20%ともっとも多く，また，染色体異常のなかでは，ダウン症候群の頻度がもっとも多い（約1,000人の出生に1人）。一般に，病理型では中等度以上の重い知的障がいが多

く，知的障がい全体のなかに占める割合は少ない。

(2) **生理型**

脳障害がなく，原因不明の場合をさす。自然発生的に生じる個体差と考えられている。生理型は，軽度知的障がいが多く，知的障がい全体のなかに占める割合は大きい。

上記以外に，近年増加傾向にあるのが，心理・社会的な要因により知的障がいが生じるタイプである。不適切な養育環境（虐待など），保護者の育児能力の問題，社会生活からの長期間の隔離などがあげられる。なお，長期間のいちじるしい隔離環境が，状態像としての知的障がいをもたらすことは一般的に知られているが，6歳以前に救出され適切な対応がされた場合には，良好な発達が期待できることも，多く報告されている。

その子どもがどの型に属するのかを知ることも大切ではあるが，保育者にとっては，子ども一人ひとりの状態像を正確に把握し，彼らの発達をいかに促すかに焦点をあてることがもっとも重要である。

3．性　　差

全体的な男女比は，1.5：1と男児が多い。知的障がいの程度が重くなるほど，男児の割合が増加する傾向がある。神経疾患が一般的に男児に多いことなどが，その背景と考えられている。

4．知的レベルの評価

知的レベルの評価には，発達検査や知能検査を用いる。知能検査は知能を測定するための検査であるが，発達検査は知的能力だけではなく，身体運動能力や社会性の発達なども含めて，発達水準を測定する。

現在，日本で乳幼児向けに使用されている発達検査（知能検査）としては，「新版K式発達検査」「田中ビネー知能検査」「WISC-IV知能検査」「K-ABC心理・教育アセスメントバッテリー」などがある。これらの検査は，主に，地

域の保健所，療育機関，児童相談所，医療機関でうけることができる。その結果は，その子どもの現在の発達像を理解するのに非常に重要な情報となるので，保育者は発達検査（知能検査）についての知識をある程度もつ必要がある。以下に，代表的な検査を紹介する。

(1) 新版K式発達検査（対象年齢：新生児～成人）

この検査では，「姿勢・運動」「認知・適応」「言語・社会」の3領域および全領域について評価し，各発達年齢と発達指数が算出される。0歳台では「姿勢・運動」に重点が置かれ，3歳以上では「認知・適応」「言語・社会」に重点が移行される。この検査の特徴は，乳幼児や児童の発達の状態を，精神活動の諸側面にわたって捉えることができる点であり，精神発達のさまざまな側面について，全般的な進みや遅れ，バランスの崩れなど発達の全体像を把握できる。

(2) 田中ビネー知能検査（対象年齢：2歳～成人）

この検査では，子どもの生活年齢（実際の年齢）と等しい年齢級の課題から始めていき，ひとつでも通過できない課題があった場合には年齢級を下げて実施し，全課題を通過できる年齢級の下限を特定する。全課題を通過できた場合には，上の年齢級に進んで，上限を特定する。この手順にしたがって精神年齢が導きだされ，生活年齢との比率により知能指数（IQ）が算出される（ただし，14歳以上は精神年齢を算出せず，偏差値知能指数を求める）。総合的な視点から子どもの知的レベルを把握するときに適している検査である。

(3) WISC-IV 知能検査（対象年齢：5歳～16歳11ヵ月）

この検査では，「言語理解」「知覚推理」「ワーキングメモリー」「処理速度」の4指標およびトータルの知能指数が算出される。子どもの知的能力の偏りやバランスが検査結果に明確にあらわれるので，対応や支援の方法が具体的に考えやすいのがこの検査の特徴といえる。また，課題の量が多く，実施時間が比較的長いので，幼児に実施する場合は発達の遅れや注意集中の問題に留意しなければならない。

第2節　知的障がい児の特徴

　知的障がい児は，ある領域だけが優れていたり逆に落ち込んでいるような発達のアンバランスさを呈するのではなく，発達像としては，年齢に比して全体的に遅れている場合が多い。したがって，知的面に限らず，運動面や社会性の発達にも遅れを伴う。集団生活がはじまると，保育者の指示を理解することが難しく，個別の援助が必要となり，その時に発達の遅れが気づかれるケースもある。周囲が気づくきっかけとなる行動例を以下に示す。

（運動面）
- 座位や独歩（一人歩き）の時期が遅い。
- ジャンプやケンケンがうまくできない。
- 全体的に動きがゆっくりである。

（知的面）
- 手先が不器用である（具体例：お絵かきが稚拙，ハサミを上手く使えない）。
- 話すことばが増えない。
- 話す内容が幼い。
- 会話の理解が遅い。

（社会性）
- 基本的生活習慣（衣服の着脱，排泄）の自立が遅い。
- 同年齢の子どもより遊び方が幼い。
- 自分より年少の子どもと遊ぶのを好む。

　次に，保育所，幼稚園などの集団生活でよくみられる知的障がい児の特徴を述べる。

1．運動発達

　知的障がい児は，運動発達の遅れを伴う場合が多い。乳児期から遅れが認められることもあり，首すわり，座位，四つ這い，独歩が遅い場合は注意すべき

である。独歩が可能になってからも動きがゆっくりであることが多く、外遊びやリズム運動などは他児よりテンポが遅く、きちんとできていなかったりする。

2．手指の発達

玩具でうまく遊べなかったり（例：ブロックを上手につなげられない、積木を高く積めない）、ハサミを使って線に沿って切れなかったりなど、知的障がい児は手指操作が不器用であることが多い。そのため、着替えや食事がうまくできず、時間がかかってしまうこともしばしばである。

3．ことばの発達

ことばを話し始めるのは1歳〜1歳半が平均的ではあるが、ことばが出てこないことで遅れに気づく場合もある。ことばを話し始めても、単語がなかなか増えなかったりする。また、抽象的思考力に弱さがあり、大小、長短、色、数などの概念的な事柄の理解には時間がかかるのも特徴である。自分で考えて話すこと（表現力）も苦手な場合が多い。

4．記憶の発達

知的障がい児の記憶の特徴としては、今おきていることを覚えていること（短期記憶）は途切れやすく、繰り返し経験されたこと（長期記憶）は比較的定着しやすい、注意が散りやすく、入力された刺激を整理できない、などがあげられる。このことが要因で、新しい経験を極度に怖がったり、活動の節目でうまく移行できずパニックになることもあると考えられる。

最後に、知的障がい児と知的障がいのない子どもとの違いについて、総体的に述べる。一般的に、知的障がい児は身辺自立や作業的課題など反復練習によって獲得できる運動系のスキル、反復練習によって覚えていく長期記憶系のス

キル（生活習慣など）は，経験が豊かになるにつれ磨かれていくといわれている。しかし，一方で，ことばを使って考える能力や，新しい場面で臨機応変に行動する能力，適応力は伸びにくい。抽象的に思考する力や，変化する環境に合わせて行動することが，知的障がい児にとってもっとも困難な領域といえる。

第3節　保育支援

1．保育（療育）の場

　知的障がい児への効果的な支援には，早期発見，早期保育（療育）が重要である。主な早期保育（療育）の場としては，児童発達支援センター，特別支援学校幼稚部，保育所，幼稚園，認定こども園などがある。児童発達支援センター，特別支援学校幼稚部は，主に障がい児を対象とした分離保育の施設である。これらの施設を利用している子どもは，障がいの程度が中等度～重度が多く，理学療法士，作業療法士，言語聴覚士，心理士などの専門職の指導をうけられ，また保育も小規模集団で行われる。一方，保育所や幼稚園は，健常児とともに保育がなされる統合保育の施設である。これらの施設の子どもたちは，集団生活が可能な，障がいの程度が軽度～中等度が多い。近年では，児童発達支援センターを通過施設として利用したのち保育所や幼稚園へ移行していくケース，児童発達支援センターと保育所を併用するケースなども多くなってきている。

2．保育的配慮

　集団場面では，知的障がい児は，保育者の指示どおりにできないこと，他児より時間がかかってしまうことが増え，徐々に目立つようになってくる。彼らにどのような支援をすればよいか，具体的に以下にあげる。

(1) 子どもに共感すること

　子どものありのままの姿を受け入れ，共感的に関わることが大切である。受容されることで，子どもの自己評価は高められ，自信をもって行動できるようになる。

(2) 子どもの反応を待つこと

　知的障がい児は，さまざまな場面において反応することが遅いので，子どもが反応するまで待つことが重要である。保育者が待つことで，子どもの意欲が高まり，自分からやろうとする気持ちが高まるのである。

(3) 子ども自身が行動を選択し，自主的に行動する機会を多く与えること

　子どもが自分から行動したときは，それを褒め，称賛するように心がけるべきである。子どもは褒められることで，積極的に挑戦する気持ちが芽生える。

(4) 子どもの興味・関心をひくように工夫すること

　知的障がい児は行動に時間がかかるため，苦手意識をもっていることが多い。したがって，子どもが興味をもてるように工夫することが大切である。たとえば，衣服の着脱が苦手な子の場合，好きなキャラクターのついた衣服を用意する，トイレトレーニングの際にはトイレにその子の好きな絵を掲げ，できたらごほうびシールを貼るなどが考えられる。また，好きな玩具を使えば，大小，長さ，色，数の概念がスムーズに理解できるようになることもある。

(5) 十分に遊ばせること

　子どもは思う存分遊ぶことでエネルギーが発散され，満足感を得，諸機能が育てられる。また，探索活動も活発になり，集中力を養える。とりわけ自由遊び場面では，伸び伸びと過ごせるように，好きなことを思い切りやらせてあげることである。

(6) 個々の発達レベルに合った取り組みを少しずつすること

　子どもは自分にとってできそうにないこと，あるいは逆に簡単すぎることには興味をもてない。集団場面における取り組みがその子にとって適度であることが大切である。子どもの発達レベルは，遊び方や遊びの対象，ことばの理解

や話す内容などによって推測することは可能であるが，より明確に評価するためには，発達検査，知能検査をうけなければならない。その結果によりその子の発達の様相を把握でき，その子に見合った玩具，遊びの設定やことばかけの仕方の参考になる。そして，その子が楽しめるものと少し頑張ればできるものを用意し，援助の割合を少しずつ減らしていく。

(7) ことばかけは具体的に端的にすること

知的障がい児は一度に多くのことを聞き取り理解し覚えておくことが苦手である。したがって，指示やことばかけは，その子の発達レベルを考慮して，具体的に，ゆっくり，短くすることを心がけなければならない。指示のなかに2つ以上の要素がある場合は，一度にさせようとせず，ひとつずつ区切ることで行動しやすくなる。また，クラスなど集団での一斉指示は理解しにくいことが多いので，個別にことばをかけてあげるとよい。ことばのみの指示で理解できない場合は，見本を示したり，絵カードや身振りを用いるなど，目でみえる形で示すとわかりやすい。

最後になるが，保育における活動のねらいは，子どものもつ力を最大限に引き出し，育むことである。知的障がい児の場合は，保育者はその子の発達レベルに合わせて「できた」という経験や達成感を積み重ねられるように配慮し，発達の伸びを注意深くかつ温かく見守り，次のステップへ進めるように課題や活動を展開することが重要といえる。

注

1) アメリカ精神医学会著，日本精神神経学会日本語版用語監修，高橋三郎・大野裕監訳『DSM-5 精神疾患の診断・統計マニュアル』医学書院，2014年，p.33

参考文献

生澤雅夫・松下裕・中瀬惇編著『新版K式発達検査2001』京都国際社会福祉センター，2002年

小林保子・立松英子『保育者のための障害児療育 [改訂版]』学術出版会，2013年

佐藤泰正・塙和明編『障害児保育 [改訂版]』学芸図書，2007年

田中教育研究所『田中ビネー知能検査Ⅴ』田研出版，2003 年
David Wechsler，日本版 WISC-Ⅳ刊行委員会訳編著『日本版 WISC-Ⅳ知能検査法』日本文化科学社，2011 年
藤永保監修『障がい児保育』萌文書林，2012 年
前田泰弘編著『実践に生かす障害児保育』萌文書林，2016 年
宮本信也「知的発達障害」『母子保健情報』(55)，2007 年，pp. 24-27

第5章
発達障がい児（ADHD, LD, ASD）の理解と支援

第1節　発達障がいとは

　目がみえない子どもや，腕をうまく動かせない子ども，3歳になっても10単語しか話せない子どもなら，その子が障がいを抱えていることは誰にでもすぐにわかる。支援の必要性も理解しやすいため，身体障がいや知的障がいとして，支援の制度も整えられてきた。しかし，このような身体障がいや知的障がいには含まれない子どもたちのなかにも，生活上の困難を抱える子どもたち，親や保育者，教師が関わりに悩む子どもたちが一定数いる。そのような子どもたちのことを理解しようとする研究のなかから，発達障がいという視点が生み出された。2004（平成16）年には「発達障害者支援法」が制定され，支援の制度が整えられるようになった。

　本章では，アメリカ精神医学会（2013）の診断基準も参考にし，注意欠如・多動性障がい（ADHD），学習障がい（LD），自閉症スペクトラム障がい（ASD）について解説する。いずれも，発達障がいに関する知識がないと，本人の体験を想像したり，必要な支援を考え出すことは難しい。そればかりか，支援を必要としている子どものことを，「わがまま」「ふざけている」「基本的なしつけができていない」などと理解してしまうことすらありうる。子どもを否定的に理解してしまうと，保育者として子どもの育ちを支えることが非常に難しくなるのはいうまでもないだろう。知識不足からそのような事態にならないよう，

発達障がいに関する知識を身につけておきたい。

第2節　発達障がいの理解

1．注意欠如・多動性障がい（ADHD）の理解

　注意欠如・多動性障がい（ADHD：Attention-Deficit / Hyperactivity Disorder）は，(1)不注意，(2)多動性，(3)衝動性の3つの特徴が目立つ障がいである。以下，それぞれの特徴について説明する。

(1)　不注意

　不注意とは，適切に注意を向けることの難しさを意味している。保育の場面では，「保育者の話に注意を向け続けることができず，手遊びなど他のことを始める」「着替えている途中で遊びだし，いつまでも着替えが終わらない」「頭の中で何かを考え始め，ぼーっとして人の話を聞き流してしまう」「周りの音にすぐに反応し，注意が途切れる」など，注意集中困難としてあらわれてくることが多い。また，時には逆に，本人が興味をもったものに驚くほど注意を集中させることもある。

　保育者にとっては，「好きなこと以外にはやる気を出さないわがままな子」「人の話を聞く気がない」と，批判的な気持ちが生じてしまうことがあるので，注意が必要である。本人の体験としては，気になる刺激が次々に耳や目に飛び込んできたり，頭に思い浮かんでくるので，その刺激に誘われて気持ちが動いてしまっているだけで，悪気があっての行動ではない。

(2)　多動性

　多動性とは，じっと止まっていることが苦手で，常に動いてしまうことを意味している。保育の場面では，「他のみんなが座って保育者の話を聞いている時に，一人だけ立ち上がってお部屋のなかをウロウロする」「座って話を聞いている時でも，常に身体のどこかをモゾモゾと動かしている」「身体を動かす遊びが好きで，静かにじっくり取り組む遊びには入ってこない」などの様子が

第5章　発達障がい児（ADHD, LD, ASD）の理解と支援　45

見られる。

　保育者にとっては，「お話に集中するクラスの雰囲気を壊す子」「基本的なしつけができていない子」と感じられ，クラスが落ち着かない元凶のように思えてしまうことがある。本人の体験としては，身体のなかに動きたい欲求が満ち溢れ，その欲求に駆り立てられるように動いているだけであり，クラスの雰囲気を壊そうとする意図はない。

(3)　衝動性

　衝動性とは，思いついたことや感情を後先考えずにすぐ行動に移してしまうことを意味している。保育の場面では，「カッとなった時にすぐ手を出すので，友達とのケンカがよくおこる」「何か思いつけば，保育者が話している途中でも喋り出す」「鬼ごっこの鬼なのに，他に興味が向いたことを始めてしまい，鬼ごっこが成立しなくなる」「作業の途中で他のことを始めるので，最初の作業が終わらないまま放置される」などの様子が見られる。

　保育者にとっては，「何度注意しても友達を叩く乱暴な子」「ルールを理解できないし，守れない子」「集団生活でトラブルの元になる子」と感じられるので，叱る場面が増えてしまうことも少なくない。本人の体験としては，ルールは覚えていてもその瞬間はやりたいことで頭がいっぱいになってしまうため，ルールにとらわれずに行動し，後から後悔するというパターンになっていることが多い。

　ADHDには，以上のような3つの特徴があるが，子どもによって特徴のあらわれ方はさまざまである。多動性や衝動性が強く出ている子の場合は，集団行動に大きな支障が出るため，保育者も気づきやすい。しかし，不注意のみが強く出ている子の場合は，「ぼーっとしていることが多い子」程度の認識で，支援を必要としていることが見逃され，小学校に上がってから「授業に集中できないので勉強がわからなくなる」などの生活上の問題が生じてくることがある。早期に支援の必要性に気づくことが大切である。

2．学習障がい（LD）の理解

　学習障がい（LD：Learning Disorder）は，全般的な知的発達に遅れはないが，聞く，話す，読む，書く，計算するまたは推論する能力のうち特定のものの習得と使用にいちじるしい困難を示す状態である。通常の会話には支障がないが，文字を読むことが非常に難しい（読字障がい）など，小学校以降の学習の中で，問題が明らかになることが多い。就学前では，「聴覚に異常はないし，知的な成長も標準的だが，保育者が話す内容が理解できていないことがあったり，聞き間違いが多い」，「おきた出来事を説明するのがいちじるしく苦手」などの特徴によって，LDを抱えていることが明らかになることもある。

　なお，LDは，アメリカ精神医学会（2014）の診断基準では限局性学習障がい（SLD：Specific Learning Disorder）として定義され，これまでのLDの定義よりも狭く考えられるようになっている。

3．自閉症スペクトラム障がい（ASD）の理解

　自閉症スペクトラム障がい（ASD：Autism Spectrum Disorder）には，これまで「自閉症」「広汎性発達障がい」「アスペルガー症候群」等の名称でよばれていた障がいが含まれる。知的な障がいを伴い言葉を発することができない子どもから，子どもとは思えない難しい言葉を使って話す子どもまで含まれている。共通する特徴は，(1)対人関係の難しさと，(2)行動・関心・活動におけるこだわりである。以下，それぞれの特徴について説明する。

(1) 対人関係の難しさ

　ASDの子どもは，他人の行動や表情，口調や視線などから，その人の気持ちや意図を読み取ることが困難である。親が指差しをしても，指差しによって何かを伝えようとしているという意図が読み取れないので，指差しされた先ではなく，指を見たりする。乳児の頃から，「養育者とも目が合いにくいし，合っても微笑まない」「養育者になつかない」などの特徴がみられることも多い。

　このような，気持ちや意図を読み取ることの難しさは，対人関係の発達に大

第5章 発達障がい児（ADHD，LD，ASD）の理解と支援

きな影響を及ぼす。「人と一緒に遊びを楽しむ」「相手の反応によって自分の次の言葉を変えて会話を発展させる」「おもちゃを使いたくても，今は友達が遊んでいるので遠慮する」などは非常に困難であるため，人と関わることを極力避けるか（孤立型），相手が自分に関わってきたときのみ笑顔で表面的な対応をするか（受動型），自分のペースで一方的に他人に関わりトラブルをおこすか（積極-奇異型）のいずれかのパターンになることが多い。トラブルが続くと保育者も本人理解と対応に困ってしまうが，そんなときほど，「一番困って支援を必要としているのはこの子自身」と，気持ちを切り替えて関わることが大切である。

(2) 行動・関心・活動におけるこだわり

他人の気持ちや意図を読み取ることが困難なASDの子どもにとって，世の中は不可解で不安の連続である。大人が不機嫌になっていれば，健常な子は大人を怒らせないように顔色を伺いながら行動する。しかし，ASDの子どもは大人が不機嫌になっていることに気づかずいつも通り行動し，怒られてしまう。大人が不機嫌だったという情報を読み取れていないため，突然怒られたように感じるし，いつもは許される行動が今日に限って怒られた理由もわからない。このように，ASDの子どもの日常生活には，「次に何がおきるか予測できない」，「何が許され，何が許されないかの基準がわからない」という体験が繰り返されている。

そのためか，ASDの子どもには，ひとつのことに過剰にこだわるという特徴がみられる。同じ場所でジャンプし続けたり，手を目の前で動かし続けるなどの「常同行動」や，電車に興味をもちそのことばかり考えているなどの「限定的で固定された興味関心」は，その一例である。これらは，いつもと同じことを繰り返すことで，不安の連続である世の中に，少しでも安心できる部分を作り出そうとする努力だと考えられている。それゆえ，無理に常同行動を止めさせたり，「いつまでも図鑑をみていないで着替えなさい」と図鑑を取り上げる等，一方的に本人の安心を奪ってしまう関わりをしないよう，配慮が必要である。

また，ASDの子どもには，感覚に対する敏感さや鈍感さがみられることがある。保育者にはそれほど大きな音には思われない音が，本人には耐えられないほどうるさい音と感じられて保育室から出て行ったり（感覚過敏），雪が降る日に温度感覚がわからず半袖で平気な顔をしていたり（感覚鈍麻）することがある。

第3節　発達障がい児の支援

1．二次障がいの予防

発達障がいがある子どもは，養育者や保育者から注意をうけることが多い。そのため，「自分は何をしても上手くできない」と自信を失い，自分を責めたり，自暴自棄になって荒れた行動をすることがある。このような，周りの無理解によって生まれてくる困難は，「二次障がい」とよばれている。以下，二次障がいを予防するポイントを説明する。

⑴　否定しない言葉かけ（自信喪失を予防する）

歩くべき廊下を走る子には，つい，「走ってはいけません」と否定語で注意をしてしまいがちである。しかし，そのような注意は，現在のその子の行動を否定しているため，本人の自信を失わせてしまう。本人の行動を否定しなくても，「歩こうね」とあるべき姿を示せば注意したい内容は伝わるので，否定しない言葉かけを心がけたい。

⑵　できていることに注目した言葉かけ（自信をつけてもらう）

絵本の読み聞かせをしているとき，半分ぐらいのところで集中できなくなり，隣の子に話しかけた子がいた場合，どのように関わればいいだろうか？「お喋りしません」とその子の行為を否定するより，「静かにお話聞くよ」とあるべき姿を伝える方がいいのは，上述の通りである。加えて，「半分までは上手にお話きけたね」と，その子ができていることに注目し，「その調子で最後まで頑張れるかな？」と目標を示すことができれば，その子は，「ここまでできた」という自信を元に，最後まで絵本に集中できる可能性が高くなる。

2．注意欠如・多動性障がい（ADHD）の支援

以下，ADHDの子どもに対する支援のポイントを説明する。

(1) 不必要な刺激を取り除く

注意がそれやすいADHDの子にとって，気になることがたくさんあるのに注意を持続させることは，非常に困難である。そのため，まずは，不必要な刺激を取り除いた環境をつくることが大きな支援になる。使っていないおもちゃを棚に片付け，カーテンでみえないようにするだけで，集中できる時間の長さは変わってくる。保育者の話を聞くときに一番前に座るようにすれば，他の子の動きで気が散ることを防止できる。

(2) 活動のなかに動きを取り入れる

多動性が強い子は，座ってじっと話を聞くことが苦手である。ずっと座って何かに集中する活動をするときは，ときどき伸びをしたり，物を取りに来てもらったりと，本人が動くことができる配慮をすると，集中が持続しやすい。座って先生の話を聞くことに苦手意識をもたせないことは，小学校からの学校生活に向けて，大きな支援になる。

(3) 行動を考える問いかけをする

衝動性が強い子は，思いついたことを後先考えず行動に移してしまう。おもちゃをとられて腹を立て相手を叩こうとしたその瞬間，保育者が「おもちゃ，とられちゃったね。そんなときは，どうしたらよかったのかな？」と言葉をかければ，本人は我に返り，自分の行動を冷静に考えやすくなる。これを繰り返すことで，言葉かけなしでも自分の行動を冷静に考えられるように支援していく。

3．自閉症スペクトラム障がい（ASD）の支援

以下，ASDの子どもに対する支援のポイントを説明する。

(1) 直接的・具体的に伝える

ASDの子どもは，相手の気持ちや意図を読み取ることが困難である。「横入

りはいけません」という注意が,「列の一番後ろに並びましょう」という意味を含んでいることが理解できず,「横から入ったらいけないなら,前から入るのは問題ない」と,列の先頭に割り込んだりする。指示や注意は「～してはいけない」と伝えて正解を想像させるような遠まわしな表現ではなく,「～します」と,直接的で具体的な表現の方が伝わりやすい。

(2) 先の見通しがもてるようにする

ASDの子どもは,常に不安の中で,生活をしている。その不安を和らげるために,「～をしてから～をする」「時計の針が～まできたら片付ける」など,先の予定を伝えるよう心がける。予定を伝える時に,片付けている写真を見せるなど,視覚的な手がかりも添えると,理解が深まることが多い。また,一度伝えた予定が変更になるとパニックになりやすいため,変更の可能性が高い場合は,「雨が降ったら,変更になります」など,変更になるかもしれないという情報も合わせて伝えておくとよい。

(3) 感覚の特性に配慮する

ASDには,感覚過敏や鈍麻が伴うことが多い。特定の味しか受けつけず好き嫌いが強く出たり,「みんなの声がうるさい」と,自ら大声を出したりすることがあるため,他のみんなと同じように振る舞うよう,注意されることがある。しかし,感覚の過敏によって生じている行動は,努力によって修正することは困難である。無理せず今のその子の感じ方を尊重し,そのような感じ方をしつつも生活に支障が出にくいような工夫をしていくのが原則である。

参考文献

小野寺敦子『ゼロから教えて発達障害』かんき出版,2012年
太田篤志『イラスト版発達障害児の楽しくできる感覚統合』合同出版,2012年
細井晴代『保育者のための発達支援ガイド』明治図書,2016年
アメリカ精神医学会著,日本精神神経学会日本語版用語監修,高橋三郎・大野裕監訳『DSM-5 精神疾患の診断・統計マニュアル』医学書院,2014年
吉田友子『高機能自閉症・アスペルガー症候群「その子らしさ」を生かす子育て 改訂版』中央法規出版,2009年

第6章
保育課程に基づく個別指導計画の作成と記録および評価

第1節 個別指導計画の作成

1.「保育所保育指針」における保育計画作成上の留意点

　保育所の保育内容は，2009（平成21）年に施行された「保育所保育指針」（厚生労働大臣告示，2008年）に具体的に記述されている。「保育所保育指針」における障がいのある子どもの保育については，「第4章　保育の計画及び評価」の「1　保育の計画」の「(3) 指導計画の作成上，特に留意すべき事項」の「ウ　障害のある子どもの保育」において「(ア) 障害のある子どもの保育については，一人一人の子どもの発達過程や障害の状態を把握し，適切な環境の下で，障害のある子どもが他の子どもとの生活を通して共に成長できるよう，指導計画の中に位置付けること。また，子どもの状況に応じた保育を実施する観点から，家庭や関係機関と連携した支援のための計画を個別に作成するなど適切な対応を図ること。(イ) 保育の展開に当たっては，その子どもの発達の状況や日々の状態によっては，指導計画にとらわれず，柔軟に保育したり，職員の連携体制の中で個別の関わりが十分行えるようにすること。(ウ) 家庭との連携を密にし，保護者との相互理解を図りながら，適切に対応すること。(エ) 専門機関との連携を図り，必要に応じて助言等を得ること。」とされている。[1]
このように子どものニーズに応じた個別化された保育を可能にするためには，的確な情報収集に基づく個別指導計画の立案，個別指導計画に応じた柔軟な対

応，関係者との連携が必要不可欠であることが明確に記述されている。

2．保育所における保育課程と指導計画

　保育所の計画には，保育課程と指導計画がある。保育課程は，保育所の全保育者が共通認識のもとに作成され，長期・短期の指導計画との一貫性を保つこととなる。指導計画は，保育課程をもとに作成され，年間指導計画・期案・月案・週案・日案の計画として具体化される。保育現場では，1年を4期に分けて指導計画を作成し，これをもとに月間の指導計画を作成している。障がいのある子どもの個別指導計画は，「保育所保育指針」に具体的な作成方法が定められていないため，日常の保育に用いる様式で指導計画を作成している保育所が多い。学齢期における障がい児の個別指導計画は，学習支援の領域を中心として効果的な指導計画の作成方法が提案されている[2]。しかし，保育の領域においては，学齢期の指導計画作成の手順や書式を保育に導入することについては，配慮が必要である[3]。その理由として，遊びや生活を中心とした保育のカリキュラムは，学習内容が明確に示される学齢期のカリキュラムと大きく異なること。また，カリキュラムの違いは，子どもの理解や評価の仕方，指導・支援方法，もしくは記録にも制約を与える可能性があると指摘されている[4]。このように，保育所では個別指導計画の作成に伴い，まずは，障がいのある子どもの発達の状況や特性などについての情報を的確に把握する必要がある。そして，個別指導計画の立案は，適切な環境の下で，他の子どもとの生活を通してともに成長できるよう保育場面のなかに子どもの目標と学習の機会を設けることが有効であるとされている[5]。

第2節　個別指導計画の作成手順

　個別指導計画の作成手順は，必要な情報を集め整理する（情報収集），情報に基づいて計画を作成する（計画作成），計画に基づく保育を展開する（保育），経

過について評価する（評価）の手順で進められる。このようなサイクルを繰り返していくことで，次の担任への引継ぎ，そして就学の際には，学校や福祉サービスを提供する機関へも引き継がれることとなる。

1. 個別指導計画作成に必要な情報の収集と整理

　子どもの保育に必要な情報を集めて整理することを「アセスメント」という。障がいのある子どもの保育を目的としたアセスメントはどのような過程で，何をしたらよいのか。まずは，対象となる子どもの特徴の把握と理解から始まる。一般的には，乳幼児健診や療育機関からの情報によって障がいの程度や発達水準などの情報が得られることがある。しかし，保育における子どものアセスメントは，保育の場での子どもの特徴を把握することとなる。保育の場での生活では，保育者や他の子ども，クラス環境や保育内容，保育形態の違いなどからも影響をうけるであろう。また，家庭での生活も子どもの様子に影響を及ぼす。したがって，子どもの特徴を把握するためには，以下の内容を含んだアセスメントが必要である。表6-1は，実際に筆者が保育や療育現場で作成し，実践に用いたアセスメントシートである。アセスメントシートには，以下のような情報が含まれており，個別指導計画作成のための基礎情報となる。① 困っていること，② 家庭の状況，③ 保育歴（保育場面ごとの生活技能，集団参加の様子等），④ 出生時の様子，⑤ 発達の様子，⑥ 医学的情報，診断名等，⑦ 知能検査や発達検査による知的発達水準や認知特性，行動の特徴（得意，不得意，好きなこと，嫌いなこと，問題行動），⑧ 本人と保護者の願い等である。

　以上のようにあらかじめアセスメントする項目を決め，さまざまな観点から情報をまとめると，後の個別指導計画の作成に有効である。アセスメントの項目からわかるように，このような情報を集める場合には，関係機関や保護者からも協力してもらう必要がある。したがって，アセスメントを行う際には，子ども本人だけでなく，保護者に対してアセスメントの目的と方法，検査結果や家族のプライバシーに関する情報は責任をもって守秘義務を遵守することを伝

表6－1　アセスメントシート

面接日：　　　年　　月　　日　　　担任：

| 氏名 | | 性別 | 男 ・ 女 | 生年月日 | |

1．主訴について（困っていること）

2．家族歴（家族構成，家族関係，引越し歴，既往歴等），本人の家庭での過ごし方（日中の過ごし方，テレビの視聴時間，睡眠時間，食事，排泄の状況）

起床時間（　　時　　分頃）　就寝時間（　　時　　分頃）
睡眠：　　　　　　　　　食事：　　　　　　　　　排泄：

3．保育園での様子（友達関係，集団行動，保育歴，登園・降園時間，クラス環境）

登園時間　何時（　　時　　分）誰（　　）　降園時間　何時（　　時　　分）誰（　　）
通園開始時期　（0歳児・1歳児・2歳児・3歳児・その他「　　　歳児から」：平成　　年　　月）

4．出生時，発達の経過
出生時の体重・身長　（　　　　g）　（　　　　cm）　在胎期間（　　　週）
出産方法　普通分娩　帝王切開　吸引分娩　その他（　　　　　　）
出生前後の特記事項（　　　　　　　　　　　）
乳幼児健診での指摘・相談（　　　　　　　　　　）

5．発育・育児の様子

3～4カ月	・首のすわり	はい ・ いいえ	□視線が合わなかった
6～7カ月	・寝返り ・おすわり ・おもちゃに手を伸ばしてつかみましたか	はい ・ いいえ はい ・ いいえ はい ・ いいえ	□人見知りがなかった □動作の模倣がなかった □指さしをしなかった
9～10カ月	・はいはい ・指で，小さいものをつかみましたか	はい ・ いいえ はい ・ いいえ	□抱かれることを嫌がった □眠りについての心配があった
1歳6カ月	・ひとり歩き ・「ママ」「パパ」など意味のあることばをいいましたか	はい ・ いいえ はい ・ いいえ	□親の後追いをしなかった □育てやすくおとなしかった
2歳	・二語文	はい ・ いいえ	□とても手がかかった □強いこだわりがある

6．医療機関や相談機関への相談（場所，期間，内容など）

7．検査結果

実施検査	実施日・生活年齢	検査結果

8．本人と保護者の願い

え，保護者に安心して協力してもらう関係をつくる必要がある。

2．アセスメント情報に基づく個別指導計画の作成

　アセスメントの結果から，子どもにとって効果的で保育者が実際に実行可能な個別指導計画を作成する必要がある。このような計画は担任保育者が作成することになるが，最終的な決定の際には，子どもと関わる関係者が協議を行い，目標と保育のねらいや方法を決定することとなる。個別指導計画には，① 対象児の実態（行動や活動の様子），② 一定期間の保育の目標（長期目標，短期目標），③ 保育の領域や活動場面，④ 場面ごとのねらいと具体的な方法や手続き，⑤ 環境設定や配慮事項，保育する担当者（役割分担），⑥ 関係機関との情報交換の内容等を盛り込むこととなる。

　子どもの姿の記述は，支援の対象となる子どもの発達や行動に目をむけ，発達上の特徴や「どのような時に，どのような行動をしている」等，子どもの行動を具体的に記述することによって支援の内容や方法を明確にすることができる。その際，アセスメントシートの情報も確認しながら，本人や保護者のねがいも取り入れながら検討する必要がある。子どもの実態が明確化し，長期目標が特定したら，設定された目標が具体的にいつまでに達成できるのかについての短期目標を設定する。具体的にどの領域や活動場面で，どのような変化が期待でき，何を改善するかについての目標設定を行う。次に保育の具体的な方法や手続きを明確にする。具体的な方法や手続きとは「子どもに対して，どの領域や活動で，何をどのように保育するのか」についての具体的な手続きを示すことである。たとえば，製作場面において，困ったことがあったら，言葉だけでなく，絵カード等を用いて援助要求を伝える。食事やおやつの場面で，苦手なものがあったらあらかじめ保育者に伝える。クラスだけでなく延長保育の際にも，職員間が共通した認識をもって保育できるように，具体的な記述が求められる。さらに，関係機関での情報を得ながら，保育所での保育と療育機関等での支援方針を記述できると子どもと保護者に安心を与え，一貫した支援が展

開されると考えられる。

3．個別指導計画作成上の留意点

　障がい児の心理・教育の研究者である加藤哲文は，個別指導計画を立案する際の留意点として，以下の6つの重要性を示唆している。① 計画はあくまでもアセスメントの結果に基づいて作成する。② 対応や担当などについて全園的な動き方ができる保育計画を作成する。③ 園で実行可能な計画，専門機関に依頼する計画，そして家庭で実行可能な計画を整理しておく。④ 計画が実行された後も，定期的な見直しをする。⑤ 担当者や保護者などの関係者が共通認識をもつために，計画の作成後はコピーなどをして関係者が共有し，次回の見直しの際にもこれを利用する。⑥ 計画のとりまとめ状況や支援の進捗状況は，ケースワーク担当者が把握することとしている。[6] 以上のように，立案した個別指導計画が保育に生かされるためには，園内における特別支援や発達支援をコーディネートする保育者との情報共有も必要であろう。

　以上のような手続きで，アセスメントに基づく個別指導計画を作成し，実際に個別的な配慮の行き届いた保育が行われることとなる。保育を実施した後も，定期的な個別指導計画の見直しを行い，子どもの発達と保育の状況を見直す必要がある。また，保育方法の見直しは，比較的短期間に見直しが必要な場合も多く，子どもの実態に応じた柔軟な対応が必要である。表6-2は筆者が作成し，保育実践で用いた個別指導計画の様式である。

第3節　保育の評価と行動観察

1．保育の評価

　日々の保育を振り返ることは，保育者として成長するためには欠かせないものである。日々の保育を振り返るうえで日々の記録を行うことは専門家として必須のものである。また，自身の成長を支えるだけでなく，保護者との情報交

表6-2 個別指導計画

作成日： 年 月 日　　担任：　　　主任：　　　園長：

子どもの姿				
長期目標				
短期目標 （　月～　月）				
領域・活動	ねらい	方法	環境設定・配慮事項	評価
食事				
排泄				
着脱				
移動・運動				
ことばの理解				
ことばの表出				
集団活動				
遊び				

換，他の保育者との情報共有，研修等にも役立てることができる。

　保育者は通常，子どもとのかかわりをもちながら，生活をともにするなかで観察したことを記録し，評価を行うこととなる。保育者は反省的実践化として保育をしながら反省的に自覚し，適用し，修正する，学習し続ける存在である[7]。しかし，観察記録は，客観的に評価することが難しく，主観的な捉えになってしまうこともある。特に，障がいのある子どもへの保育は，客観的な根拠をもとにした保育計画の立案が求められている[8]。したがって，一人の保育者の見方に偏らないよう，他の保育者からの視点も受け入れ，自らの捉えを修正していく柔軟性が必要である。そのためには，次項で述べる保育の評価が重要である。また，定期的な保育カンファレンスや公開保育等の研修会での意見交

2．評価に生かす行動観察

　日々の保育を振り返るうえで，記録することは負担感を伴うこともある。しかし，記録によって子どもの理解を深め，子どもの言動の背後に応じた保育が可能となる。記録は，保育の実践の根拠となることから，子どもの行動や集団への参加を促進するための行動観察の方法として，応用行動分析学に基づくABC分析を紹介する。

　ABC分析（「A：先行条件」-「B：行動」-「C：後続条件」の三項随伴性）とは，機能分析ともいわれ，その行動が生起する条件や結果的に行動が周りに及ぼす影響やそこから生じる結果を分析することである。つまり，子どもの行動（Bに該当する）は，先行条件（Aに該当する）によって引き起こされ，後続条件（Cに該当する）によって持続されていると考える。この様式によって子どもの行動を記録していくことで，「どんな状況や場面」において，子どもは「どんな行動」をおこし，それに対して「どんな結果」が得られるのか，あるいは避けられているのかを客観的に考えることができる。このような流れで，子どもの行動の記録を記述することで，保育者同士で，情報を共有したり，気になる・困った行動をおこす要因を推定し，適切な保育を検討したりする重要な手がかりをえることができる。

例　A君はにんじんが苦手で，先に主食を食べます。<u>にんじんだけが残ったときに，A君はお皿を床に落としました</u>。保育者がそのお皿を片付けたため，A君は<u>にんじんを食べません</u>でした。

　上記のような子どもの行動を中心とした3つの点に注目した記録の繰り返しは，事実の記録であり，子どもだけでなく保育者の行動を客観視でき，保育の文脈にそった記録が可能である。したがって，子どもの行動の背景を理解し，

第6章 保育課程に基づく個別指導計画の作成と記録および評価 59

図6—1 A君の行動のABC分析

保育に見通しをもつことが可能となる。また，現状の対応が明確になり，職員間の共通認識を促すことが可能となるであろう。

注

1) 厚生労働省編『保育所保育指針解説書』フレーベル館，2008年，pp. 236-239
2) 安藤隆夫編著『自立活動における個別の指導計画の理念と実践』川島書店，2001年，pp. 89-101
3) 水内豊和「幼稚園における特別支援教育の体制づくりに関する実践研究」『富山大学人間発達学部紀要』3(1)，2008年，pp. 93-102
4) 真鍋健「保育者が障害幼児の支援計画を作成・展開させる際に必要となる仕掛けとは？」『発達研究』27，2013年，pp. 81-93
5) 金珍熙・園山繁樹「統合保育場面における"埋め込まれた学習機会の活用"を用いた外部支援者による支援の検討」『特殊教育学研究』48(4)，2010年，pp. 285-297
6) 加藤哲文『特別な配慮を必要とする子どものケースワークの基礎』田中教育研究所，1999年，p. 76
7) ドナルド・ショーン著，佐藤学・秋田喜代美訳『専門家の知恵—反省的実践家は行為をしながら考える—』ゆみる出版，2001年
8) 平澤紀子・藤原義博「統合保育場面の発達障害児の不適切行動に対する専門機関の支援—機能的アセスメントに基づく支援における標的行動と介入手続きの特定化の観点から—」『特殊教育学研究』39(2)，2001年，pp. 5-9

参考文献

加藤哲文『特別な配慮を必要とする子どものケースワークの基礎—保育の場での支援方法—』田中教育研究所，1999年

藤原義博・平澤紀子・山根正夫・北九州市保育士会『保育士のための気になる行動から読み解く子ども支援ガイド』学苑社，2005年

第7章 個々の発達を促す生活や遊びの環境

第1節　障がい児にとっての遊びの意義

　「保育所保育指針」第2章「子どもの発達」乳幼児期の発達の特性(5)には，「子どもは，遊びを通して，仲間との関係を育み，その中で個の成長も促される」とある。たとえ身体を十分に動かして遊ぶことができにくい子どもにとっても，遊びの重要性は同様である。

　幼稚園・保育所等の集団保育の場において保育者には，障がい児の発達段階に合った遊びを構築する力と，子どもたち一人ひとりの遊びの様子を観察し，環境を構成・再構成する力が同時に求められる。

　幼稚園・保育所等の障がい児を含めたクラスの保育を観察すると，環境を構成する保育者は，障がい児を同化する存在であるとも，排除する存在であるとも考えていないということがわかる。つまり，障がい児に対して「みんなと一緒に遊ぶことができる（同化）」ことを目指すのではなく，「一人だけ違うことをしていてもいい（排除）」とすることでもないという意味である。保育者にとっては，すべての子どもが，特別な唯一無二の存在であり，一人ひとりの子どもにとっての遊びの環境や居場所づくりを大切に考えることが重要である。

　以上の前提のうえで，具体的に保育者は，まず障がい児の発達・特性に合う遊びの環境を考えるために，子どもの姿を観察し，身体の力・認知の力・言語の力・人と関わる力・生活の力などと整理して記録することが第1であろう。

次に記録内容と記録を用いた同僚・保護者・クラスの子どもたちとの話し合いによって，障がい児が得意とする力を生かし，苦手とする力を補助する環境を構成し，援助方法と障がい児に対する思想を具体化する。障がいがあることによって，遊びや体験に制限がおこらないように自分ひとりでなく，周囲の人たちとの話し合いによる連携と工夫が必須である。

　たとえば，身体を十分に動かすことが不自由な子どもの場合，段差を取り除くスロープや，マットや床の動きやすさを確保する等，安全に動くことのできる環境づくりが必要であろう。対人関係を築くことが苦手な子どもに対しては，保育者がまず気持ちを察知し共感し，友達との仲立ちとなったり，気持ちを落ち着ける場の確保をしたりすることなどが必要であろう。

　一人ひとりの発達・特性に合わせた遊びの場を構築することによってこそ，障がい児を含めてすべての子どもたちは，遊びを通して仲間との関係を育み，個の成長も促されるのである。

第2節　遊びの教材と留意点（配慮）

1．「ひらがな積み木」の事例から

　空くん（保育所・5歳児・自閉症）は，文字に興味があり，保育室の「ひらがな積み木」（たとえば，「あり」の絵と「あ」の文字が一面ずつ書いてある）が，空くんのお気に入り玩具である。保育士は，「ひらがな積み木」と，ブロック，トランプ，あやとり，パズルなどの小さなおもちゃをまとめて収納し，その前にカーペットと机を置き，机上遊びのコーナーを保育室の一角に構成している。

　空くんは「ひらがな積み木」を取り出し，加配保育士とともに，文字の面をみて独自の並べ方で並べる遊びが好きである。空くんが，積み木を取り出し遊ぶ場には，あやとりを取りに来る子どもや，ブロックで遊ぶ子どもが混在している。他の子どもの動きにより，空くんの集中が途切れるたびに，加配保育士は空くんと子どもたちの仲立ちをしたり，移動を促したりする。担任は，大人

の発想や収納のしやすさから，机上遊びのコーナーをつくっていたのではないかと気づき，「ひらがな積み木」の場所と，ブロック，あやとりなどの場所を子どもたちに問いかけた。

　子どもたちは，「あやとりは，各自のロッカーでもちたい」と言い，ブロックと「ひらがな積み木」の場所は，低い仕切りをつくることに決めた。すると，お互いの顔はみたり，声を聴き合い存在を感じ合ったりしながら，積み木の配列や，ブロックの作品が友達の動きで壊れないで尊重し合える場所となった。保育室を子どもたちの意見を取り入れ，ともにデザインしながら，友達の好きな遊びを認め合うことができた事例である。

　空くんはその環境で落ちついて「ひらがな積み木」で遊んだ。その後，1人分の「ひらがな積み木」の場所を，2人分に増やしたり，隣に「ホワイトボード」の絵かきコーナーをつくったりした。すると，空くんが「ひらがな積み木」の文字を，保育士や友達に「書いて」とペンを差し出して腕をもち要求する姿が見られ始めた。空くんに手を握られ「書いて」と要求された友達は，「空くんに書いてって手でいわれた！」と，はじめて同じ遊びを共有できた喜びを味わった。

　この事例から学ぶことは，担任が空くんの「ひらがな積み木」への関心や子どもたちの興味関心を観察し，空くんを含めた一人ひとりの好きな遊びを保障し大切にする姿である。ならびに，子どもたちと遊びの場づくりについて相談してともにつくり，遊びの変化に沿って環境を再構成したことも学びたい。

　留意点としては，周囲の遊びの音や勢いが大きくなり，空くんが独りになりたいと思った時に気持ちを静めることができる場所（別室）も用意しておくことであろう。

　この事例は，空くんを含むクラスの子どもたちのコーナー遊びの場所の構造化であり，それぞれの個性や好きな遊びを認め合う事例である。その後も，クラスのなかで友達と遊ぶことが少なく，対人関係を築くことが苦手だと思われがちであった空くんと，絵や文字を書いて伝え合うかかわりや絵描き歌遊びが

繰り返し続いた。

2.「すもう遊び」の事例から

　海ちゃん（保育所・3歳児・ダウン症候群）は，3歳児クラス当初，1歳半程度の発達であるという発達診断をうけている。言葉数が少なく，友達との会話がスムーズにいかず，友達の遊びをみたり，世話をされる側になったりすることの多い子どもである。

　海ちゃんのクラス担任は男児のすもうごっこの様子を観察し，「思い切り体を動かして遊べる。体と気持ちをぶつけ合うすもうごっこを通して，友達のありのままの姿を理解し合う体験ができるのではないか」とすもうごっこの良さを分析した。遊びの当初，海ちゃんは遠巻きに友達のすもうごっこをみていた。すもうごっこが，3歳児クラスの枠を超えて園庭で行われるようになり，対戦を見守る土俵中央の「応援席」や相撲の順番を待つ東西の「待ち席」が環境として構成された。

　待ち席の子どもたちは，前の取り組みが終わるとひとつずつ椅子から尻をずらして座り，順番が来た時に土俵に上がる。海ちゃんも待ち席に座り，順番になると一旦立ち上がるが，土俵には出ていかず，再び一番後ろの待ち席に座りに行っていた。担任も周りの子どもたちも海ちゃんに土俵にあがることを無理強いすることはなく，海ちゃんの気持ちが満足するまで，その姿を見守っていた。そのうち海ちゃんの行動は，「自分の順番が来ても，少し遠慮したいと思う対戦相手の時には，後ろに並び直す」という全体のルールとなった。担任は海ちゃんの「並び直したい」という気持ちに共感し，友達と同様の気持ちであることを表現する環境をつくり，周囲の友達に自然に伝えていったのである。

　ある日一人の女児が，「海ちゃんとすもうをしたい」と，いつも並んでいる海ちゃんを指名した。海ちゃんは，その指名をきっかけに初土俵を踏み，その後は友達の指名をうけたり，順番どおりに土俵に上がったりして，勝ったり負けたりを繰り返して遊んだ。

担任は，海ちゃんの興味を引き出し，友達と体を触れ合って遊ぶ楽しさを味わえるように，順番を待つ待ち席という場所と時間を構造化する環境設定によって，「友達の姿を十分にみる」「自分のタイミングで参加する」「相手をみて後ろに下がる」というルールを子どもたちとともに自然体でつくりながら海ちゃんが一歩踏み出すタイミングを待っていたといえる。

この事例から学ぶことは，まず，担任がすもうごっこの良さは何かと分析し，肯定的に支援した姿と，順番を待つことを楽しみ，安全に遊べる環境を構成したことであろう。次に海ちゃんの様子を観察しながら，無理に遊びに誘い込むことはしないで見守り，海ちゃんだけではなくすべての子どもを特別な存在として思い，子どもの気持ちを主体とした遊びを見守る姿も学びたい。

留意点として，ダウン症候群の子どもが，併発していることの多い頸椎異常，心臓疾患等の身体の状態については，保護者と密接な連携をとり，安全に行うことのできる運動遊びを提案する必要がある。

すもうごっこが，海ちゃんと周りの子どもたちが対等にふれ合え，主体的に参加できる遊びとなった。その後，行司役，取り組み表作成役，新技を考える役，音楽担当などが生まれ，担任がそれぞれのすもうの取り組み方を支援しながら遊びは続き，海ちゃんとともに育ちあい，集団で遊ぶ楽しさを味わった。

第3節　遊び場（地域の遊び場）

1．地域の障がい児ときょうだい・保護者の遊びの場

障がい児とそのきょうだい・保護者が地域で安心して遊べる場所がほしいという保護者の要望が発端となり，大学生と大学教員が運営・実施をする，障がい児ときょうだい児の遊ぶ会がある。

その会は，年間5～6回の土曜日の午前中のプログラムであり，遊びの内容は，挨拶，体操，絵本，人形劇，製作などの毎回実施する遊びと，季節（春にはビニール袋で製作を行い，風船飛ばし，夏には戸外でシャボン玉遊び等）や参加人

数によって変更する遊びを取り入れるなど，毎回工夫がある。

　1日のプログラムをホワイトボードに写真つきで張り出し，学生の司会者がひとつひとつのプログラムの流れに沿って写真をはがしながら，視覚的に時間の経過がみえるように工夫したり，学生と障がい児ときょうだい児が，1対1で担当を決めて関係性を深めながらサポートをしたりするなど，一人ひとりの子どもに寄り添って遊ぶ姿勢を基本とする。

　慣れてきて保護者がそばにいなくても遊びを楽しめるようになってから，保護者同士が話す「保護者の会」を実施した。それは，常に子どもとともに過ごす保護者にとって，自分の思いを話すことができ，相互に共感し合える非常に意義のある会となった。

　地域の大学や市役所等が連携し，福祉，保育を学ぶ学生たちの力を生かして，障がい児ときょうだい児・保護者が地域で安心して過ごせる遊び場・実践共同体を構築することが，地域社会における子育て支援に重要であると考える。

2．絵本から学ぶ遊びの場

　保育士養成施設の学生が，絵本から障がい児保育を学んでいる実践を紹介する。絵本を用いる学習により障がい特性の理論だけでなく，学生たちは自己の心を動かし，当事者の心に寄り添うという支援者としての役割を学ぶことができる。合わせて学生同士が絵本の内容について（たとえば障がい特性の理解・集団保育の事例・保護者の障がい受容・きょうだい児の支援等）の学習を発表し合うことにより，自分とは違う人の意見を聞く機会，対話する機会にもなる。以下に，学生が障がい児の遊びについての学びを深めた絵本と，演習用紙を紹介する。

(1)「さっちゃんのまほうのて」[1]

　先天性四肢障がいのあるさっちゃんが，幼稚園でままごと遊びをする様子が描かれている。さっちゃんが，ままごと遊びのお母さん役に立候補すると，幼

稚園の友達に「手のないお母さんなんて，へん」といわれる場面がある。お母さん役になれない自分の身体と友達の身体との違いに気がつき，さらには，将来母親になれないのではないかと悩む姿を両親や保育者らが見守っていく。周囲の保育者，保護者による障がい児の遊びの支援，友達の気持ちの揺れ動きの理解が深められる絵本である。

(2) 「かっくん どうしてボクだけしかくいの？」[2]

　周囲の友達と違う身体の特徴があるかっくんが，友達に認められ受け入れられる遊びを学ぶことができる。絵本では「森に迷い込む」場面が，かっくんの身体の特徴を友達が受け入れる機会になるのだが，日常生活で「森に迷い込む」場面を設定することはできない。それに代わる契機をどのようにつくるのか，または，何を契機として捉えるのかの判断が，遊びの援助者として重要である。どのような遊びが，身体機能の違いを認め合う契機となるかを，さまざまな障がい特性から学ぶきっかけにしたい絵本である。

(3) 「となりのしげちゃん」[3]

　ダウン症候群の特性をもつしげちゃんが，保育所で異年齢や同年齢の子どもたちと遊ぶ様子の写真集である。ゆっくりとした時間の流れが表現されていて，障がい児と友達の日常生活をさまざまに写している。障がい児を自分の「となり」の存在として感じることが，障がい児理解の第1歩になりうると気がつくことができる絵本である。

(4) 「のんちゃんはおとうばんです」[4]

　クラスのなかにいるよだれがでる友達との当番活動や散歩などの様子が，友達であるのんちゃんの視線で描かれている。子どもがともに遊ぶこと，生活することなどが，お互いを理解する役割を果たしていることがわかる絵本である。

　以上のように障がい児保育を絵本から学ぶことは，障がい特性の理解ならびに，障がい児や周囲の人たちの心の理解にも通じる。ぜひ，いろいろな絵本を探して学びを深めてほしい。

タイトル	のんちゃんは おとうばんです
著・絵	今関 信子・文／垂石 眞子・絵
出版社・出版年	童心社／1995年12月10日
キーワード	顔面神経麻痺、助け合い　見守る、受容

印象に残った言葉・場面

P.9のところで、もり先生がワッペンをとおるくんに付ける時、とおるくんがよだれを垂らしてしまう場面が一番、印象に残っています。
その時、のんちゃんは、「やだな」と感じてしまいます。私は、「よだれのイメージとは何だろう」と考えたことで、とても印象に残ったのだと思います。
最後のページに近づくにつれ、のんちゃんの「よだれ」への不快感は少しずつなくなっています。このように、仲良く関われるようになると気にならなくなっていくのかもしれません。

感想

この絵本では「障がい」という言葉は一回も出てきていません。そこがとても印象的でした。「受け入れる大切さ」、障がい者ではなく、一人の子どもとして関わる大切さが伝わってきます。障がい者だから、他の子どもとは違う保育をしなければならないではなく、みんなと変わりはないんだとして受け入れ、周りのみんなと一緒に保育をする。「ノーマライゼーション」を分かりやすく表現している本だと思いました。

なげかけ・友達の意見など

身近に「とおるくんと同じ人がいたらどう関わりますか？

のんちゃんと同じで関わり、仲良くしたいと思います。
Mさん

2015年度　絵本から学ぶインクルーシブ保育（演習用）　　三好　伸子

第7章　個々の発達を促す生活や遊びの環境　69

心身機能・身体構造、活動、参加などについて

・顔面神経麻痺とは・・・
別名ベル麻痺とも呼ばれ、男女差、年齢層に関わりなく、突然始まる片側顔面筋の運動麻痺が主な症状です。その結果、額にしわを寄せられない、眼を閉じられない、口角が下がる、口を尖らせて口笛がふけなくなる、口角からよだれが垂れる、などの症状が出る。

・原因・・・不明

・治療方法・・・
基本的には外来で治療可能な場合が多いのですが、検査が必要な場合、診断がはっきりしない場合、顔面神経麻痺の程度が強い場合などは入院が必要です。リハビリテーション治療も重要で、麻痺した筋肉をゆっくりとマッサージすることや顔面の筋肉をはたらかせるために百面相の練習をすることが有効です。

心の理解、周囲の理解、保護者・きょうだい支援などについて

この絵本では、「のんちゃん」の他に子ども達が「とおるくん」と関わっています。園生活を通して、保育者の援助や保育を見ること、感じることで関わり方を学ぶことができたと考えます。そして、関わるキッカケがあることで仲良くなり、理解することができたと思います。
　保育者、教育者がこういう「キッカケ」を与えることで「障がい」の理解がもっと深まるのでは、ないでしょうか。

参考文献・引用文献

helth.goo.ne.jp　goo ヘルスケア　顔面神経麻痺（ベル麻痺）の症状や原因・診断と治療方法

2015年度　絵本から学ぶインクルーシブ保育（演習用）　三好　伸子

図7－1　絵本「のんちゃんは　おとうばんです」から学ぶ学生の資料

出所）「2015年度絵本から学ぶインクルーシブ保育」三好伸子作成の障害児保育授業用教材を用いて大阪成蹊大学教育学部2回生深町亮太さんが書いたもの

注

1）たばたせいいち，先天性四肢障害父母の会，のべあきこ，しざわさよこ共同制作『さっちゃんのまほうのて』偕成社，2006年
2）クリスチャン・メルベイユ／文，ジョス・ゴフィン／絵，乙武洋匡／訳『かっくん どうしてボクだけしかくいの？』講談社，2001年
3）星川ひろ子『となりのしげちゃん』小学館，1999年
4）今関信子／文，垂石眞子／絵『のんちゃんはおとうばんです』童心社，1995年

参考文献

湯浅恭正・大阪保育研究所『障害児保育は「子ども理解」の場づくり』かもがわ出版，2014年
近藤直子・白石正久・中村尚子『保育者のためのテキスト障害児保育』全国障害者問題研究会出版部，2005年
堀智晴・橋本好市・直島正樹『ソーシャルインクルージョンのための障害児保育』ミネルヴァ書房，2014年
鯨岡峻『最新保育講座⑮ 障害児保育［第2版］』ミネルヴァ書房，2009年

第8章 子ども同士のかかわりと育ち合い

第1節　子どもの発達における子ども同士のかかわりと育ち合い

　親は，わが子が誕生したその日から，「笑った」「話した」「座った」「這った」「寝返りをした」等，その成長・発達に一喜一憂する日々を送ることとなる。そして，1歳前後になると，2足歩行を始めたわが子に目を細める親も多い。しかし，すべての子どもが，親や周囲の期待通りに成長・発達していくとは限らない。歩き始める前までは大人しく，関わっても反応の鈍かった子が，歩き始めたと思ったらすごい勢いで走り始め，どこかに行ってしまう。また，目が合わない，言葉が出ない等，周りの子どもと比べると明らかに発達が遅れているように思える。そんなわが子を目の前にして，親は，わが子が何らかの「障がい」をもっているのではないかと不安になる。

　そのような時，保育者は保育という集団のなかで親の気持ちを受け止めながら，どのように子どもたちの発達を保障していけばよいのだろう。そこで，本章では，まず乳幼児期の発達の特性を理解し，すべての子どもが子ども同士のかかわりを通して育ち合い，発達するとはどのようなことであるかを考えるため，「保育所保育指針」における第2章「子どもの発達」のなかから「子ども同士のかかわりと育ち合い」に関わる箇所に着目してみることとする。

　まず「子どもは，様々な環境との相互作用により発達していく」とされ，子どもと親，子ども同士，子どもと保育士，子どもたちと保育環境，子どもたち

と地域社会の環境，子どもたちと自然環境など，さまざまな環境要因との相互作用によって，子どもたちが成長・発達していくことの意義と重要性が示されている。

また，「特に大切なのは，人との関わりであり，愛情豊かで思慮深い大人による保護や世話などを通して，大人と子どもの相互の関わりが十分に行われることが重要である」とされていて，子どもと親，子ども同士，子どもと保育者といった人的環境との視点が，子どもの保育を行ううえで，きわめて大切な要点であることを示している。そして，親や保育者など周りの大人から子どもが大切にされ，愛される体験の重要性を指摘している。その結果，愛された子どもが周りの子どもたちへ関わり，人間関係を広げていくことも意義深い。

さらに，「この関係を起点として，次第に他の子どもとの間でも相互に働きかけ，関わりを深め，人への信頼感と自己の主体を形成していく」とされ，子どもたちが，親や保育士など周りの大人から愛され，信頼されるといった体験をすることにより，子どもたちも大人に対して，自発的，自主的に関わりをしていく好循環の人間関係を作り出していく点を指摘している。そして，そのことにより，子どもは親や保育士など周りの大人を信頼するだけでなく，人間そのものを信頼し，主体的に活動することができる力を育むようになり，健やかに成長・発達していくことを示唆している。

また，「保育所保育指針」における第2章「子どもの発達」の「1 乳幼児期の発達の特性の(3)」のなかでは，「子どもは大人との関係を基にして，子ども同士の関係を持つようになる。この相互の関わりを通じて，身体的な発達及び知的な発達とともに，情緒的，社会的及び道徳的な発達が促される」とされ，親や保育者など周りの大人と信頼関係を形成した子どもは，子ども同士の関係においてもよりよい人間関係をつくることができるように成長・発達していくことが指摘されている。

第2節　統合保育のなかでの子ども同士のかかわりと育ち合い

　障がい児保育の形態のなかの統合保育を取り上げ，子ども同士の育ち合いについて考えていく。統合保育では，障がいのある子どもと障がいのない子どもを一緒に保育することにより，ともに育っていく。たとえば，障がいのある子どもが，周りの子どもたちのことばや行動を模倣して，自分もやってみようとする姿が多くみられる。

　ことばの模倣は語彙数を増やし，ことばと行動を模倣することで，認知や社会性の発達を促す。また，友達と毎日を過ごすという環境そのものや，そこでうけるさまざまな刺激によっても，障がいのある子どもは成長・発達していく。

　また，障がいのない子どもたちにとっても，障がいのある子どもたちの個性に触れることによってさまざまな体験をすることができる。そのため，多様な視点や価値観への気づき，そして，障がいのある人への接し方や関わり方について，体験を通して考えるきっかけとなり，経験的に学んでいくこととなる。

　子どもたちは，時に子ども同士対等な仲間としてぶつかり合いながら，障がいのあるなしに関わらず，お互いの思いを理解し合い，友達として相手を認め合いながら，ともに育っていくのである。

　しかし，障がいのある子どもへの保育においては，障がいの特性や症状に応じた適切な関わりや配慮が必要になることがあるため，保健医療，心理，福祉，教育など専門的な知識や技術に基づいた個別支援が必要になる場面がある。専門的な知識をもたずに保育を行うことにより適切な対応が取れず，保育の場が混乱することも考えられる。その結果，障がいのある子どもの発達を阻害してしまうこともある。

　それゆえに，保育の専門職は，子どもたちがどのように育ってほしいと考えているかという願いや思いをもつとともに，個別の支援計画を立案し，実施，点検，評価していく専門的力量が求められる。

第3節　事例を通した子ども同士のかかわりと育ち合い

1．M男の事例

(1)　事例の概要

　3歳児クラスのM男と障がいのあるI男は，同じクラスの仲間である。I男は自分の気持ちを言葉で表現することが難しく，手が出てしまうこともあり，2人は遊具の取り合いなどでぶつかり合う姿が多くみられた。

(2)　大切な仲間として育ち合う

　ある日，園庭で平均台の上をI男がゆっくりと歩いていると，後ろに並んでいた他クラスの子たちが，「早く行ってよ」とイライラした様子でI男に声をかけ始めた。しかし，次に並んで待っていたM男は，「ちょっと待って，I君はまだ早く歩けないから」と，I男をかばうように立ちふさがった。平均台を渡りきったI男はうれしそうに後ろのM男に微笑んだ。この様子をみた担任保育士は，日々ぶつかり合うなかで絆を深めていたM男とI男の姿に子どもの育ち合う姿を学んだ。

(3)　子どもは子どものなかで育つ

　この事例のように子どもたちは日々の保育のなかで，自分たちを大切に思う保育士の気持ちを受け止めながら，自分自身が周りの大人に愛されることによって，周りの子どもとの関わりを深めていく。子どもたちにとって，そこに障がいの有無は存在せず，ただ，子ども同士，同じ時間のなかでともに育ち合っていく大切な仲間なのである。

2．N子の事例

(1)　事例の概要

　4歳児クラスのN子は，自分の思いを表現することが苦手であり，クラスのなかでN子の声が聞こえることは少なかった。N子のクラスには，障がいのあるK男が在籍していた。しかし，N子がK男に自分からかかわっていく姿は，

あまりみられなかった。また，N子の母親は，いつも非常に心配性な様子がみられ，細かなことを気にして担任に相談することが多かった。N子は地元のスイミングスクールに通っていた。

(2) 多様な価値観への気づき

ある日担任は，母親からそのスイミングスクールでの話を聞かされた。N子の通うスイミングスクールの同じグループに，障がいのある子がいて，その子がいることでそのグループだけ進みが非常に遅い。同じ月謝を払っていて損だと思った母親は，N子に「遅い子がいて進みが悪いので，違うグループに替えてもらおう」と，話した。すると，今まで母親に反発したことのないN子が，「あの子も頑張っているのに，お母さんはどうしてそんなことをいうの」と，泣きながら抗議してきた。その言葉に母親は，ハッとした。自分の子のことしか考えていなかった自分が恥ずかしく，わが子がこんなふうに育っていることを誇らしく思えた。N子には障がいのある子もない子も同じ頑張っている友達であり，保育所で良い体験をさせてもらっていることがわかり，とてもよい勉強になった」と，涙を流した。

(3) N子の言葉や動作の模倣をするK男

担任保育士も，自分の知らない間に子どもたちが育ち合っていた事実を知らされるとともに，これまでの保育がこれで良かったことを実感し涙を流した。その後，子どもたちの様子をよくみると，K男がN子を頼りにしている姿がみえてきた。また，K男がN子の言葉や動作の模倣をしている姿もみえてきた。控えめながらも優しくかかわり合うN子とK男は，障がいの有無に関わらず，お互いを信頼し合い育ち合う関係だったのである。そして，担任保育者は，自分が子どもの姿に気づけていなかったことを反省した。

第4節 保育者に求められる姿勢と資質

これらの事例でみられるように，子どもが育つことによって親も育ち保育者

も育つ。子どもたちは，障がいの有無に関係なく大人に愛され信頼されながら，子ども同士しっかりと絆を深め，お互いを対等な関係として認め合い，ともに成長・発達していく。時には仲良く，時には思い切りぶつかりあうなかで育ち合っていく。保育士は，子ども同士のかかわりに教えられ，気づかされ，学んでいくという謙虚な姿勢を忘れてはならない。

参考文献

厚生労働省『保育所保育指針解説書』フレーベル館，2008年

大場幸男・網野武博・増田まゆみ編著『保育を創る8つのキーワード―保育所保育指針解説―』フレーベル館，2008年

伊藤健次編著『新・障害のある子どもの保育』みらい，2011年

児童育成協会監修，西村重稀・水田敏郎編著『障害児保育』中央法規，2015年

第9章 職員間の協働

第1節 子どもの情報を共有すること

1．保育士間で子どもの情報を共有する大切さ

　障がいのある子どもだけでなく，保育において配慮が必要な子どもや保護者への支援には，担任保育士が一人で対応することは困難であろう。また，子どもの正確な実態を把握するにしても複数の保育士が対等の立場で話し合い，助け合うことが必要である。その作業の過程では，保育士同士が子どもの発達状況や行動特性，保護者の気持ちを共通理解する必要がある。そして，結果的に，子どもの課題に沿った保育の展開が可能となり，一人ひとりの子どもの成長や発達を見守ることができる。これらの情報を共有するためにも，保育所全体で話し合いの場をもつことが重要である。

(1) 職員間の連携の実際

　2009（平成21）年に施行された「保育所保育指針」では，障がいのある子どもに対する保育について「その子どもの発達の状況や日々の状態によっては，指導計画にとらわれず，柔軟に保育したり，職員の連携体制の中で個別の関わりが十分行えるようにすること。」また，「家庭との連携を密にし，保護者との相互理解を図りながら，適切に対応すること。」「専門機関との連携を図り，必要に応じて助言等を得ること。」と外部の専門機関や家庭との連携，および保育所内での職員連携のなかで保育することの必要性が強調されている[1]。

このように「保育所保育指針」では，職員間の「連携」の必要性が強調されているが，「連携」とは具体的にどのような行為なのであろうか。「連携」とは，保育士がチームで共通の目標に向かって行動したり，共同作業を行ったりすることである。したがって，保育の場でさまざまな問題に取り組んでいく場合，保育士同士がチームで行動し，子どもの課題を共通認識し，対応方針を一致させる必要がある。

保育所では，次のような事例がしばしば見られる。たとえば，入所後1年が経過した4歳児クラスの子どもたちは，集団生活にも慣れ，落ち着いた状態である。しかし，障がいのある子どもにとっては，保育室や保育士が変わったことに慣れず，落ち着いて活動に参加することができない様子がみられる。このような場合，担任保育士は，障がいのある子どもに対して個別の指示を出したり，個別の対応をしたりするなどさまざまなアプローチを行い，何とか集団活動に参加させようとする。しかし，担任が個別に関わろうとすればするほど，落ち着かない状態になり，担任は自信を失ってしまうことがある。このようなケースからは，担任間の情報の伝達や共有の重要性を学ぶことができる。このような場合，前担任であった保育士の情報をもとに，自分なりの視点も重ねながら，保育の方法を検討していくことが必要である。また，担任保育士一人でかかえこまず，保育所全体で話し合い，広い視野で子どものかかわりを検討することにより，適切な保育を考慮していくことが有効であろう。

(2) 保育力を高める保育カンファレンスと所内研修

保育所全体で職員が協働して課題解決するために，保育カンファレンスや園内研修が行われている。これらは，保育士の課題解決のためだけではなく，保育士としての成長を促進するために行われるものである。しかし，「発言が出ず，話し合いにならない」，「参加者がやる気で活発な話し合いが行われるが，結果的に楽しい雑談で終わる」などの問題が指摘されることがしばしばある。[2]これらの問題を解決するには，経験豊富なベテラン保育士も新人保育士も，ともに働く仲間としてお互いの意見を尊重し合える雰囲気をつくる努力が必要で

ある。自分の意見を伝えるだけではなく，互いの意見を聞き，感情を開示したり，ことばを重ねたり，繋いだりしながら話し合いを行うことで，保育所全体のコミュニケーションを促し有効的な保育カンファレンスや所内研修が展開される。

(3) 保育カンファレンスの方法

　子どもへの対応を検討する際には，所内で客観的な意見を聞いたり，指導の方法を考えたりすることが必要となる。これらは職員会議や事例検討会，子どもを語る会などとよばれる。参加者は担任保育士や主任，加配保育士などである。障がいの診断名がある場合には専門機関の職員も参加する場合もある。保育カンファレンスとは，所長やベテラン保育士が初任や若手の保育士を指導するような従来の所内研修とは異なり，正解や意見の一致は求めず，多様な意見をつきあわせ，すりあわせることによって，それぞれが自分の考え方を再構築し，成長していくという学び合いのスタイルで進められるものである。[3]

　有効的な保育カンファレンスの方法として，記述的エピソード法を用いたカンファレンスのシステム構築や，ビデオ録画や写真を使う方法等も用いられるようになってきた。これらの方法により，保育士自身が自ら課題を発見し改善していく過程を経るなかで，自分の保育を客観視したり，自らの癖に気づいたりして，学びが深まるとされている。[4]

(4) 職員研修とスーパービジョン

　近年，福祉の領域ではスーパービジョンの必要性が重要視され，職員研修でスーパービジョン研修が実施されることが多くなってきた。スーパービジョンとは，対人援助専門職が自らの専門性を向上させための教育訓練の方法である。近年，保育現場では，保育メンター制度が取り入れられ，経験を積んだ保育士が，新任保育士に対して，専門的な見識と技量を高めるため指導にあたっている。この取り組みは，保育者としての職業アイデンティティを形成する効果が示されている。[5]今後，保育メンター制度の導入が広がることが必要と考えられる。

2. 専門機関との協働

(1) 巡回相談による他職種との協議

　保育所への専門的支援のひとつに巡回相談がある。これは，臨床発達心理等の心理の専門家が保育士と協働し，具体的な保育を検討することである。ここでいう「協働」とは保育や子どもの姿をともに探求し共有していく過程でお互いの知識と見識を共有し「学び合う」ことである[6]。その過程では，職種の立場や専門性の違いを超えて子どもの姿を多面的に捉え，自分たちの見方や姿勢を再発見することが可能となる。

　各市町村には保育所や幼稚園等への巡回相談の制度が整備されている。また，乳幼児健診での相談や児童発達支援センターなどの施設が設置されている。このような地域の制度やシステムを把握しておき，有効的に活用することが必要である。

(2) 専門機関との連携

　障がいのある子どもの発達や生活を支えるためには，医療，福祉教育など外部支援の活用が，子ども一人ひとりの最善の利益につながる。各自治体では，サポートブック等の連携のためのツールが作成されている。そこには，生育歴，専門機関での支援，基本的な対応等が記録されている。このようなツールを保護者や関係機関と一緒に作成し，有効に活用することもひとつの連携のあり方である。

第2節　情報の共有と守秘義務の重要性

　保育において保育士がまず行うべきことは，子どもの障がいや疾病，特性や保護者の願いや思いを的確に把握することである。しかし，これらの情報は，障がいのある子どもと家族の個人情報が含まれる。連携の際には，個人情報に対する配慮が必要である。

1. 情報の管理

 保育者は，日々の保育や保護者の情報を他者へ漏洩することがあってならない。「全国保育士会倫理綱領」(2003)には，プライバシーの保護や個人の情報の守秘義務，子どもと保護者との関係構築が記述されている[7]。知り得た個人の情報や秘密をインターネットやソーシャルネットワークに書き込んだり，個人情報が記述されている文書をもち出したりする行為は厳禁である。

2. 守秘義務とは

 2003(平成15)年に成立した「個人情報の保護に関する法律」(個人情報保護法)は，個人の情報の有用性に配慮しつつ，個人の権利利益を保護することを目的としている[8]。個人情報を取り扱う場合には，あらかじめ本人の同意を得なければ，個人データを第三者に提供してはならないと定められている。たとえば巡回相談での相談記録や専門機関との情報交換の際には，事前に保護者からの同意をえる必要がある。保育士には，ソーシャルワーカーとしての力量が求められており，倫理を遵守した，主体的な援助者が求められている。

注

1) 「保育所保育指針」第4章1(3)ウ (イ) (ウ) (エ)
2) 中坪史典・秋田喜代美・増田時枝 「保育カンファレンスにおける保育者の語りの特徴―保育者の感情の認識と表出を中心に」『乳幼児教育学研究』第19巻，2010年，pp.1-10
3) 松井剛太「保育カンファレンスにおける保育実践の再構成―チェンジエージェントの役割と保育カンファレンスの構造」『保育学研究』第47巻，2009年，pp.12-21
4) 利根川智子他「継続的カンファレンスへの参加における保育者の課題意識」『東北福祉大学研究紀要』第39巻，2015年，pp.37-47
5) 東京学芸大学「幼稚園メンタリングプロジェクト」
6) 秋田喜代美『子どもをはぐくむ授業づくり 知の創造へ』岩波書店，2000年，pp.75-79
7) 全国保育協議会「全国保育士会倫理綱領」2003年
8) 「個人情報の適正な取り扱いに関する法律」(個人情報保護法)第1条

参考文献

加藤哲文・大石幸二編著『特別支援教育を支える行動コンサルテーション』学苑社，2004年

本郷一夫編著『保育の場における「気になる」子どもの理解と対応―特別支援教育への接続―』ブレーン出版，2006年

中田洋二郎『子どもの障害をどう受容するか―家族支援と援助者の役割―（子育てと健康シリーズ⑰）』大月書店，2002年

第10章

保護者や家族に対する理解と支援

第1節　保護者支援の意義

1．現代社会の子育て支援における保護者支援の意義
(1) 近年の家族・家庭の変化
　子どもを育てる場の最小単位は家族・家庭である。この家族・家庭が近年さまざまな側面で大きく変化している。たとえば家族の形態が1960年代～1970年代では祖父母を含む三世代家族が多かったのが，現在は単独世帯や核家族，ひとり親家庭が増加している。また晩婚化や共働き家庭の増加に伴い少子化が依然として続いている。このような家族・家庭のあり方の変化は子育ての環境に大きな変化をもたらし，さまざまな課題をわれわれに突き付けている。
(2) 現代の子育てにおける課題
1) 増加し続けている虐待
　インターネットやスマートフォンの普及によるSNS上で誹謗・中傷被害やテレビ・ゲーム等による悪影響など現代の子育てにおける課題はさまざまであるが，そのなかでもっとも深刻な問題が虐待である。2000（平成12）年11月に「児童虐待の防止等に関する法律」が施行され，虐待防止に向けた取り組みが本格化した。特に2004（平成16）年の改正によって虐待が疑われる場合においても児童相談所等への通告が義務づけられたことにより，年々児童相談所の相談対応件数は増加し，2014（平成26）年は8万8千件以上の相談が寄せられ

た。また虐待によって毎年60〜70人の子どもの命が奪われており、虐待防止対策は子育て支援における重要な課題となっている。

2) 虐待と障がいの関係

ここ近年、虐待と障がい、特に発達障がいとの関係を考慮にいれた保護者支援の重要性が指摘されている。たとえば杉山登志郎はこれまで臨床の場で出会ってきた虐待のケースの統計から、被虐待児の3割近くが自閉症スペクトラム障がいであったことを報告している[1]。またその保護者にも診断基準は満たさないものの軽度の自閉症スペクトラムの傾向がみられることを指摘しており、障がいのある子ども、特に発達障がい児の保護者への支援はきわめて重要な課題といえる。

2. 子育て支援における保育所および保育士の役割

(1) 保育所および保育士の義務

先述したように虐待の問題を含め、子育て家庭への支援は重要課題であり、近年における子育て家庭の変化に対してさまざまな対策が講じられている。特に保育所は子育て家庭への支援を実践する場として重要視されており、「児童福祉法」や「保育所保育指針」において保育所における子育て家庭への支援の

表10-1　子ども虐待の精神医学的診断（N=1,110）

併存症	男性	女性	合計	%	
自閉症スペクトラム	233	90	323	29.1	⎫
注意欠如・多動症	146	28	174	15.7	⎬ 発達障害
知的障害	49	46	95	8.6	⎭
アタッチメント障害	256	197	453	40.8	⎫
解離性障害	272	251	523	47.1	⎬ 虐待の後遺症群
PTSD	153	205	358	32.3	⎭
反抗挑戦性障害	139	79	218	19.6	⎫ 非行群
行為障害（非行）	168	113	281	25.3	⎭

出所) 杉山登志郎編著『講座子ども虐待への新たなケア』学研, 2013年, p.9

役割が明記されている。たとえば「保育所保育指針」第6章では「保育所における保護者への支援は，保育士等の義務であり，その専門性を生かした子育て支援の役割は，特に重要なものである[2]」とし，保護者支援を保育士の義務として位置付けている。

(2) 保護者支援の基本

「保育所保育指針」第6章の1に保育所における保護者に対する支援の基本として以下の7つの項目があげられている[2]。

(1) 子どもの最善の利益を考慮し，子どもの福祉を重視すること。
(2) 保護者とともに，子どもの成長の喜びを共有すること。
(3) 保育に関する知識や技術などの保育士の専門性や，子どもの集団が常に存在する環境など，保育所の特性を生かすこと。
(4) 一人一人の保護者の状況を踏まえ，子どもと保護者の安定した関係に配慮して，保護者の養育力の向上に資するよう，適切に支援すること。
(5) 子育て等に関する相談や助言に当たっては，保護者の気持ちを受け止め，相互の信頼関係を基本に，保護者一人一人の自己決定を尊重すること。
(6) 子どもの利益に反しない限りにおいて，保護者や子どものプライバシーの保護，知り得た事柄の秘密保持に留意すること。
(7) 地域の子育て支援に関する資源を積極的に活用するとともに，子育て支援に関する地域の関係機関，団体等との連携及び協力を図ること。

これらの内容は子どもの障がいの有無に関係なく，すべての保護者を支援するうえでの基本であり，保護者支援を行う保育士は常に心掛けておかねばならない。

第2節　障がいのある乳幼児の保護者の心理

1. 障がいの受容
(1) 障がい受容の段階モデル

　障がいのある子どもの保護者がどのように子どもの障がいを受け止めていくかを知ることは，保護者支援を行ううえで重要である。ドローター（Drotar, D.）は障がい受容を5つの段階で示しており，(1)ショック，(2)否認，(3)悲しみと怒り，(4)適応，(5)再起の5つの段階に分かれると提唱している。この5つの段階は障がいのある保護者の多くに共通する受容の段階であるが，障がいの種類や子どもの発達段階，保護者の性格や子育て環境などさまざまな要因によって障がいの受け止め方や受け止めるまでのプロセスに個人差があることは踏まえておく必要がある。

(2) 保護者の心理
　1) 障がいを否定する心

　保育士は，保護者の子ども理解を促すため，送迎時や連絡帳等を使って子どもの特性や行動特徴を伝える。その際「私の幼い頃とそっくりです」や「ちょっと元気がありすぎですね」といった保護者からの返答がよく聞かれる。伝えた保育士は保護者が子どもの特性に気がついていないと捉えがちだが，実際は気づいている場合が多い。気づいているけれども子どもに障がいがあると認めたくないのである。

　2) 自分を責める心

　子どもに障がいがあることがわかると「自分が悪い」や「自分のせいで子どもに障がいがある」と感じてしまう保護者がいる。また落ち着きがなかったりかんしゃくをおこしている子どもに不安からくる怒りの感情をぶつけてしまったり，愛着関係がうまく形成されず，子どもをかわいいと思えなかったりする保護者もいる。そして親としていけないことをしている自分を責めてしまうのである。

3）周囲の子どもと比較してしまう心

　障がいのある子どもの保護者は，保育所等の送迎時や公園で子どもを遊ばせているときに，周囲の子どもと自分の子どもを比較してしまい，子どもの発達の遅れや障がいに直面する。多くの保護者は自分の子どもと他児を比較してはいけないという認識はもっており，比較しないように頑張っているが，良くないこととわかっていても比較してしまうのが親であり，保護者自身も葛藤しているのである。

2．保護者支援の目指すもの

(1) 障がいの「受容」とは何か

　子どもの障がいを「受容」するということは，子どもを他児と比較してしまったり，自分を責めてしまったりしながらも，子どもの成長・発達を喜び，子どもの特性を適切に理解し，必要な支援をうけられるように行動できる状態のことである。障がいの有無に関係なく子どもを育てる親は常に子育てに悩み，不安を感じている。障がいを受容したからといって悩みや不安がなくなることはなく，そのような気持ちを抱えながら子どもと向き合っていくのである。子どもに障がいがあることを悩まず不安に思わないことが「受容」ではない。

(2) 求められる保育士の姿勢

　障がいのある子どもの保護者を支援する保育士に求められる姿勢は何であろうか。保護者は子どもの障がいを否定したくなったり，子どもをかわいいと思えなかったりすることもある。一方でこの子のために現実をしっかり受け止めなくてはいけないという「向き合わなければいけない」気持ちももっている。保育士はさまざまな思いの間で揺れている保護者の心をそのまま受け止める必要があり，「否定したい」気持ちや他の子どもと比較してしまう気持ちを責めたり，批判したりしてはいけない。保護者が子どもの障がいに向き合うために，保護者自身が親として成長する力を信じ，揺れ動いている不安定な保護者の心に根気よく寄り添うことが保育士に求められる姿勢である。

第3節　保護者支援の実際

1．保育所等における保護者支援
(1)　保護者支援の基礎は子ども理解

　障がいのある子どもの保護者を支援する際に保育士に求められる力は，子どもの発達や特性をしっかり見極め，目標を立てて，かかわり方を工夫しながら子どもの成長・発達を促す力である。「保育所保育指針」第6章の2(2)においても「保護者に対し，保育所における子どもの様子や日々の保育の意図などを説明し，保護者との相互理解を図るよう努めること」とある。保護者に子どもの状態や特性，保育所での様子や子どもの変化をわかりやすく伝えることで保護者の子ども理解が深まり，子どもへ適切なかかわりを促すことができる。保護者に子どもの発達や特性などを適切に理解してもらうために，まずは保育士が子どもをしっかり理解しておく必要がある。

(2)　保護者とのコミュニケーション

　保護者と保育士は子どもをともに育てるパートナー的関係であり，そのために保護者との信頼関係を築き，保護者の思いや不安を聞き，子どもの家庭での様子を知る必要がある。「保育所保育指針」第6章の2(1)においても「保育所に入所している子どもの保護者に対する支援は，子どもの保育との密接な関連の中で，子どもの送迎時の対応，相談や助言，連絡や通信，会合や行事など様々な機会を活用して行うこと[2)]」とある。実際には送迎時や連絡帳等による保護者とのやりとりが中心となるが，必要に応じて時間を決めて保護者面談をするなどケースに応じた対応が必要である。

(3)　保護者同士によるピア・サポート

　保護者同士のつながりを促すことも保育士の役割である。そのためには保育参観や保護者研修会などの行事を活用して，保護者同士のつながりを促すことが大切である。

　しかし現実には障がいのある子どもの保護者は同じクラスの保護者へ相談す

ることは少ないように思われる。たとえば，発達がゆっくりでまだトイレで排泄することができない年長児の保護者はその悩みを同じクラスの定型発達児の保護者へ相談することに抵抗感を感じている。障がいのある子どもの保護者同士の方が悩みや不安を話しやすいが，保育所での保護者関係のなかではなかなか話せないのが現状である。その場合は，同じような悩みをもつ保護者同士と交流できる場を提供する必要がある。たとえば地域の児童福祉施設等で行われている保護者会や同じ障がいのある子どもの保護者が集まる親の会（たとえば自閉症親の会や肢体不自由父母の会等）などである。したがって保育士は地域にどのような社会資源（病院や児童発達支援事業等）があるのかを把握し，必要に応じて保護者をそれらの社会的資源とつなげる役割が求められる。

(4) 社会資源と連携

　障がいのある子どもは保育所等以外に病院や児童発達支援事業所などで療育や訓練をうけているケースが多い。そのような場合は子どもが通っている専門機関等と連携して保護者支援を行う必要がある。保育所保育指針第6章の2(4)においても「子どもに障害や発達上の課題が見られる場合には，市町村や関係機関と連携及び協力を図りつつ，保護者に対する個別の支援を行うよう努めること[2]」とあるように，社会資源との連携は不可欠である。連携する際は個人情報の取り扱いに十分注意を払いつつ，保護者から了解を得たうえで，必要な情報を共有することが重要である。

2．保護者を支援する際の配慮点

(1) 養育のストレスを理解する

　保護者は，定型発達の子どもの場合でも子育てのなかでさまざまなストレスを感じている。その子どもに障がいがある場合，たとえば偏食の激しい子どもであれば栄養バランスを考えながら子どもが食べられる献立を考えなくてはならないし，多動性が高く道路に飛び出してしまう子どもであれば外出時は常に手をつながないといけないなどストレスを感じる場面が多くなる。

また周囲の目を気にしながら子育てすることも大きなストレスとなっていることが多い。たとえば，電車のなかや病院での待合室でじっと待つことが苦手な子どもの場合，周囲の人から冷ややかな目で見られたり，「親のしつけが悪い」といわれたりすることが実際にあり，つらい体験をした保護者も多い。保育士は子どもが家庭のなかや外でどのように過ごしているのか，それに対して保護者はどのような困り感をもっているのかを把握する必要がある。

(2) 信頼関係を形成する

障がいのある子どもの成長・発達を促すためには，保育士と保護者が協力しなければならない。そのためには保育士と保護者が子どもに関する情報を共有するために，お互いに考えていることを伝えられる関係の構築が必要となる。特に保護者が子育てのなかで感じている不安や疑問を率直に保育士にいえる関係づくりは重要であり，保育士と保護者の信頼関係が前提となる。つまり保育士は保護者にとってよき理解者・相談者になる必要がある。

保育士と保護者が信頼関係を構築するためには，(1)保護者を責めない，説得しない，批判しない，(2)保護者の工夫や努力を誉める，(3)育児の不安感・負担感を共有し，無理せずにできる子育てをいっしょに考えるといった保育士の態度が必要となる。

(3) 保護者の特性や家庭環境などを把握する

一言で「保護者」といっても年齢も異なれば性格も異なる。子育てに協力してくれる家族がいるのか，共働きなのかなど子育てをする家庭環境もさまざまである。子どもの障がいや程度が同じでも，保護者の特性や子育て環境が異なれば困り感も当然異なり，保護者支援の目標や方法も異なってくる。子どもの育ちを促すために家庭で取り組んでほしいことを保護者に要求する場面も保護者の特性や家庭環境などを考慮し，一人ひとりに合わせた要求をしなければならない。

(4) 保育所等と家庭との違いを理解しておく

保育所等には友達がたくさんいて，手本になる年上の幼児もいればお世話す

る年下の幼児もいる。また親切にいろいろと教えてくれる先生もいる。一方家庭にはきょうだいがいる家庭もあれば一人っ子の家庭もある。保育所等と家庭との環境の違いは，保育所等ではできることが家庭ではできない（逆の場合もある）といった違いを生じさせる。環境によって子どもの行動が変わることは当然であり，子どもに対する保護者の理解と保育士の理解に違いがでるのはこのためである。したがって保育士は保育所等と家庭とで子どもの様子が異なることを考慮して保護者支援を行う必要がある。

(5) **カウンセリングの基礎知識・技術を習得しておく**

保育士にはさまざまな知識や技術が求められるが，そのひとつがカウンセリングに関する知識や技術である。子どもへの対応においても必要であるが，保護者の気持ちに寄り添いながら支援するにはカウンセリングの基礎知識・技術は必須である。子育てで感じる不安の出し方は一人ひとり異なり，保育士に依存的になる保護者もいれば，保育士へ怒りなどの攻撃的な感情を向けてしまう保護者もいる。したがって，保育士はカウンセリングに関する基礎知識・技術を習得し，さまざまな保護者に対応できるようになる必要がある。

注

1）杉山登志郎編著『講座子ども虐待への新たなケア』学研，2013年，p.10
2）厚生労働省編『保育所保育指針解説書』フレーベル館，2013年，p.179,182,186,187

参考文献

石川洋子編『子育て支援カウンセリング―幼稚園・保育所で行う保護者の心のサポート―』図書文化，2008年
岡田俊『発達障がいのある子と家族のためのサポートBOOK―幼児編―』ナツメ社，2012年
中田洋二郎『発達障がいと家族支援―家族にとっての障害とはなにか―』学研，2012年
松本園子・永田陽子・福川須美・堀口美智子『実践家庭支援論［改訂版］』ななみ書房，2015年
丸山美和子『子どもの発達と子育て・子育て支援』かもがわ出版，2007年

第11章 地域の専門機関等との連携および個別の支援計画の作成

第1節　地域の専門機関（行政・相談機関）

1．児童相談所

　都道府県は，児童相談所を設置しなければならない（「児童福祉法」第12条第1項）。児童相談所は，児童の福祉に関し，①児童に関する家庭その他からの相談のうち，専門的な知識及び技術を必要とするものに応ずること，②児童及びその家庭につき，必要な調査並びに医学的，心理学的，教育学的，社会学的及び精神保健上の判定を行うこと，③児童及びその保護者につき，調査又は判定に基づいて必要な指導を行うこと，④児童の一時保護を行うこと，⑤市町村の業務の実施に関し，市町村相互間の連絡調整，市町村に対する情報の提供，その他必要な援助を行うこと，そしてこれらに付随する業務などを行う（同条第2項）。政令指定都市にも設置されているほか，中核市も設置できることとなっている（2016（平成28）年4月現在，横須賀市・金沢市が設置している）。児童相談所には児童福祉司が置かれる。児童福祉司は，児童相談所長の命を受けて，児童の保護その他児童の福祉に関する事項について，相談に応じ，専門的技術に基いて必要な指導を行う等児童の福祉増進に努めることを職務としている（「児童福祉法」第13条第3項）。

　「児童相談所運営指針」は，第1章「児童相談所の概要」の第3節「相談の種類とその対応」の2．「各種相談の対応の基本(2)障害相談」の項目がある。

そこでは,「ア 障害相談は医師の診断を基礎として展開されることが考えられるが,生育歴,周産期の状況,家族歴,身体の状況,精神発達の状況や情緒の状態,保護者や子どもの所属する集団の状況等について調査・診断・判定をし,必要な援助に結びつける。イ 専門的な医学的治療が必要な場合には,医療機関等にあっせんするとともに,その後においても相互の連携に留意する。ウ また,子どものみならず,子どもを含む家族全体及び子どもの所属集団に対する相談援助もあわせて考える」ことが対応にあたり求められている。第3章「相談,調査,診断,判定,援助決定業務」の第5節では,児童相談所の判定業務について定めている。判定は,相談のあった事例の総合的理解を図るため,診断をもとに,各診断担当者等の協議により行う総合診断である。判定は子どもの身体的,心理的,社会的特性を十分考慮して行われなければならない。判定は,児童福祉司,相談員等による社会診断,医師による医学診断,児童心理司等による心理診断,保育士,児童指導員等による行動診断,その他の診断を基礎として,原則として関係者の協議によって行われ,判定の所見,援助指針案はその結果に基づきケースの主担者が作成することとされている。

　なお,判定会議は各担当者の診断をもとに,援助に有効な判定を導き出すため,原則として児童相談所で週1回定例的に開催される。判定会議においては,原則として児童相談所長,各部門の長,各担当者等が参加し,社会診断,心理診断,医学診断,行動診断,その他の診断等を総合的に検討し,判定を行い,これに基づき援助指針案を検討する。事例のなかには比較的軽易な検討ですむものから十分な協議を必要とするものまで含まれているので,柔軟な会議運営を心がけなければならない。会議の経過および結果は判定会議録に記載し,保存することとされている。

2. 市町村

　市町村も相談援助活動を担っている。「市町村児童家庭相談援助指針」の第3章「相談種別ごとの対応における留意事項　第4節障害相談」では次のよう

に定められている。

　肢体不自由，知的障がい，発達障がい等の障がい相談を受け付けた場合には，次の点について検討する。すなわち，① 一時保護の要否，② 施設入所等の要否，③ 心理・医学面等での判定の要否，④ 保育所の利用の可否，⑤ 通園施設等の利用の可否，⑥ 発達障害者支援センターの利用の可否，⑦ 学校・就学指導委員会等の教育機関との連携，⑧ 地域の子育て支援の可否，⑨ その他保健・福祉・医療サービスの活用の可否である。そして，地域で保健，医療，福祉，教育等の関係機関等が連携して支援していくことの可否について判断し，対応する。また，一時保護，心理・医学等判定，施設への通所・入所が必要なケースなどは，児童相談所と協議を行い，児童相談所に送致する。

3．保健所

　保健所は，都道府県・政令指定都市・中核市その他の政令で定める市又は特別区が設置すべき機関である（「地域保健法」第5条第1項）。保健所は母性及び乳幼児の保健に関する事項の企画，調整，指導及びこれらに必要な事業も行う（同法第6条第8号）。

　また，保健所は「児童福祉法」の施行に関し主として，① 児童の保健について，正しい衛生知識の普及を図ること，② 児童の健康相談に応じ，又は健康診査を行い，必要に応じ，保健指導を行うこと，③ 身体に障害のある児童及び疾病により長期にわたり療養を必要とする児童の療育について，指導を行うこと，④ 児童福祉施設に対し，栄養の改善その他衛生に関し，必要な助言を与えることを業務としている（「児童福祉法」第12条の6第1項）。

　また，児童相談所長は，相談に応じた児童，その保護者又は妊産婦について，保健所に対し，保健指導その他の必要な協力を求めることができる（同条第2項）。

　保健所長は，身体に障害のある児童につき，診査を行ない，又は相談に応じ，必要な療育の指導を行なわなければならない（「児童福祉法」第19条第1

項)。保健所長は，疾病により長期にわたり療養を必要とする児童につき，診査を行い，又は相談に応じ，必要な療育の指導を行うことができる(同条第2項)。

4．発達障害者支援センター

発達障害者支援センターは，「発達障害者支援法」第14条によって定められている機関である。

事業内容は次の4つに大別される。

① 発達障害の早期発見，早期の発達支援等に資するよう，発達障害者及びその家族に対し，専門的に，その相談に応じ，又は助言を行うこと（相談支援）

② 発達障害者に対し，専門的な発達支援及び就労の支援を行うこと（発達支援）

③ 医療，保健，福祉，教育等に関する業務（医療等の業務）を行う関係機関及び民間団体並びにこれに従事する者に対し発達障害についての情報提供及び研修を行うこと（就労支援）

④ 発達障害に関して，医療等の業務を行う関係機関及び民間団体との連絡調整を行うこと（普及啓発・研修）

第2節　地域の専門機関（施設・医療機関）

1．児童発達支援センター

障害児通所支援とは，児童発達支援，医療型児童発達支援，放課後等デイサービス及び保育所等訪問支援のことをいい，障害児通所支援事業とは，障害児通所支援を行う事業である（「児童福祉法」第6条の2の2第1項）。

このうち児童発達支援は「障害児につき，児童発達支援センターその他の厚生労働省令で定める施設に通わせ，日常生活における基本的な動作の指導，知

識技能の付与，集団生活への適応訓練その他の厚生労働省令で定める便宜を供与すること」とされる（同条第2項）。

また，医療型児童発達支援とは「上肢，下肢又は体幹の機能の障害（肢体不自由）のある児童につき，医療型児童発達支援センター又は独立行政法人国立病院機構若しくは国立研究開発法人国立精神・神経医療研究センターの設置する医療機関であって厚生労働大臣が指定するもの（指定発達支援医療機関）に通わせ，児童発達支援及び治療を行うこと」である（同条第3項）。

2．障害児入所施設

障害児入所支援は，障害児入所施設に入所し，又は指定発達支援医療機関に入院する障害児に対して行われる保護，日常生活の指導及び知識技能の付与並びに障害児入所施設に入所し，又は指定発達支援医療機関に入院する障害児のうち知的障害のある児童，肢体不自由のある児童又は重度の知的障害及び重度の肢体不自由が重複している児童（重症心身障害児）に対し行われる治療である（「児童福祉法」第7条第2項）。

指定障害児入所施設等の設置者は，障がい児が自立した日常生活又は社会生活を営むことができるよう，障がい児及びその保護者の意思をできる限り尊重するとともに，行政機関，教育機関その他の関係機関との緊密な連携を図りつつ，障害児入所支援を障がい児の意向，適性，障がいの特性その他の事情に応じ，常に障がい児及びその保護者の立場に立って効果的に行うように努めなければならない（「児童福祉法」第24条の11第1項）。

3．障害児等療育支援事業

在宅の重症心身障がい児・知的障がい児・身体障がい児・発達障がいやそれら障がいの疑いのある子どもの地域における生活を支えるため，身近な地域で療育指導・相談等がうけられる体制の充実を図ることを目的とする事業である。障がいの受容が進んでいないなどが原因で「児童福祉法」に基づく事業を

利用することが難しい場合などがこの事業の対象となる。
　事業内容は次のようなものである。
① 訪問による療育指導
　在宅障がい児の家庭を定期にあるいは随時訪問して障がい児や保護者に対して，相談をうけたり指導を行う。訪問による健康診査もある。
② 外来による専門的な療育相談・指導
　外来で障がい児や保護者が事業所に来て相談・指導をうける。
③ 施設職員への指導
　障がい児の通う保育所・幼稚園・学校や障害児通所支援事業所等の教職員に対し，療育技術の指導を行う。

4．保育所等訪問支援

　「児童福祉法」改正により，保育所等における集団生活への適応支援を図るため，障害児通所支援のひとつとして，2012（平成24）年4月に保育所等訪問支援が創設された。定期的に保育所等を訪問支援員が訪問して，障がいのある子どもが集団生活に適応できるように訓練を行うことのほか，訪問する施設・幼稚園の教職員への支援も行う。
　この訪問支援員は，児童指導員・保育士，機能訓練担当職員等で，障がい児の支援に相当の知識・技術および経験のある者があてられる。保育所・幼稚園を訪問して教職員を支援することのほか，小学校への訪問も想定されていて，必要性があれば就学前の保育所・幼稚園での支援方法を引き継ぐ。これら新しい事業の円滑な実施が求められている。

5．小児慢性特定疾病医療費助成制度における指定医

　指定医は5年以上診断・治療に従事経験がある医師のうち，厚生労働大臣が定めた専門学会の専門医資格を有する医師または都道府県の実施した指定医研修を受講した者が対象となる。指定の有効期間は5年である。

指定医は患者が小児慢性特定疾病の支給認定を申請するときに必要となる医療意見書を作成するほか，医療意見書の内容を記載した患者データを登録管理システム（運用はまだ始まっていない）に登録すること，治療方法や小児慢性特定疾病児童等の健全育成のための調査研究に協力すること等を職務としている。

第3節　連携と個別の支援計画の作成

1．「保育所保育指針」の規定

「保育所保育指針」第6章の2(4)は，「子どもに障害や発達上の課題が見られる場合には，市町村や関係機関と連携及び協力を図りつつ，保護者に対する個別の支援を行うよう努めること」と定めている。

2．個別の支援計画

2002（平成14）年，「障害者基本法」に基づいて「障害者基本計画」が策定された。この障害者基本計画の前半5年間を計画期間とする重点施策実施5か年計画においては「Ⅰ　重点的に実施する施策及びその達成目標」の「6　教育・育成(1)一貫した相談支援体制の整備」で盲・聾・養護学校（現・特別支援学校）において個別の支援計画を2005（平成17）年度までに策定することとされた。

独立行政法人国立特別支援教育総合研究所によれば，「個別の教育支援計画とは，障害のある幼児児童生徒の一人一人のニーズを正確に把握し，教育の視点から適切に対応していくという考えの下，長期的な視点で乳幼児期から学校卒業後までを通じて一貫して的確な支援を行うことを目的として策定されるもの」とされる。策定には，「教育のみならず，福祉，医療，労働等の様々な側面からの取組を含め関係機関，関係部局の密接な連携協力を確保することが不可欠であり，教育的支援を行うに当たり同計画を活用することが意図されてい

る」としている。

3．個別の指導計画

　「特別支援学校幼稚部教育要領」の第3章「指導計画の作成に当たっての留意事項」の「第1　一般的な留意事項」では，「幼児の障害の状態などに応じた効果的な指導を行うため，一人一人の幼児の実態を的確に把握し，個別の指導計画を作成すること。また，個別の指導計画に基づいて行われた活動の状況や結果を適切に評価し，指導の改善に努めること。」と定められている。

　同様に，「特別支援学校小学部・中学部学習指導要領　第1章総則」の「第2節　教育課程の編成　第4　指導計画の作成等に当たって配慮すべき事項(5)」では「各教科等の指導に当たっては，個々の児童又は生徒の実態を的確に把握し，個別の指導計画を作成すること。また，個別の指導計画に基づいて行われた学習の状況や結果を適切に評価し，指導の改善に努めること。」とされている。

参考文献

井村圭壯・相澤譲治編著『現代の障がい児保育』学文社，2016年
若井淳二・水野薫・酒井幸子編著『幼稚園・保育所の先生のための障害児保育テキスト［新訂版］』教育出版，2011年
西村重稀・水田俊郎編『障害児保育』中央法規出版，2015年
鯨岡峻編『障害児保育［第2版］』ミネルヴァ書房，2013年

第12章

小学校等との連携

　わが子が小学校に入学する年齢になると，多くの保護者はわが子の成長に目を細めることだろう。もちろん，障がい児の保護者であってもその気持ちは同じである。しかし，障がい児の就学先の決定にあたっては，自治体の就学時健康診断や教育支援委員会の判断だけでなく，保護者の意見も求められる。そのような際に，保護者のもっとも身近な相談相手として保育士が就学相談をうけることも多い。そこで，本章では保育士が知っておくべき事柄として，まず障がい児の主な就学先の特徴について解説したのち，就学の基本的な流れについて概観する。最後に，保育士による小学校等との連携の現状と課題について述べる。

第1節　就学先の種別

1．特別支援学校

　比較的重い障がいのある子どもを受け入れている学校が，特別支援学校である。以前は視覚障がいの子どものための盲学校，聴覚障がいの子どものためのろう学校，知的障がいや肢体不自由，病弱の子どものための養護学校に分かれていた。特別支援教育が始まってからは，これらをすべて特別支援学校とよぶようになった。しかし，その機能がすべて統合されたわけではなく，各特別支援学校がどのような障がい種別の子どもを受け入れ可能かについては，条例な

どで定められている。

特別支援学校では，単一障がい学級の場合は1学級6名，重複障がい学級の場合は1学級3名までの学級編成となる。このように，障がいを抱える子どもに対して，その障がいによる困難を克服し自立を図るための知識や技能を習得することを目的とした手厚い教育を行っているところが，特別支援学校の最大の特徴である。

なお，通常の小学校で，比較的障がいの軽い子どもの教育を担っているのが，特別支援学級であるが，その詳細は第14章で述べる。

2．通級指導教室

通常の学級に在籍をしながら，障がいの特性に応じた特別な指導をうけるために通級する場を通級指導教室という。対象となる障がい種別は，言語障がい，自閉症，情緒障がい，弱視，難聴，学習障がい，注意欠陥多動性障がいなどである。言語障がいに対する通級指導教室がもっとも多く，いわゆる「言葉の教室」として発音の訓練を行っている。ただし，2006（平成18）年度より，対象となる障がい種別に学習障がいと注意欠陥多動性障がいが加えられたことで，発達障がいを抱える子どもへのニーズにも応えるものとなっている。教育内容も教科の補充指導，良好な人間関係を築くためのソーシャルスキルトレーニング，家事や余暇活動の指導などと多種多様である。また，指導時間についても年間10時間から週8時間までと非常に幅が広く，指導形態も個別指導と少人数のグループ指導がある。

このように，通常学級に在籍している発達障がい児にとって通級指導教室は障がい特性に応じた綿密な指導をうける貴重な機会となっているが，設置されている小学校が非常に少なく，通級指導をうけている子どものほとんどが他の小学校へ通級しているのが現状である。

第2節　就学先の決定

1．就学時健康診断

　就学先が決まるまでの大まかな流れについて，図12-1に示す。まず，就学前の10月に市町村教育委員会が入学予定者の学齢簿を作成し，保護者への通知を行う。これに基づいて，11月末日までに「学校保健安全法」に規定された就学時健康診断が行われることとなる。就学児健康診断の目的は子どもの健康状態の把握だけでなく，心身の障がいや教育的支援のニーズを把握して，より適切な教育を行うことにある。

　就学時健康診断では，多くの自治体が簡易な知能検査や行動観察を実施している。指定された図形の描画や迷路，概念形成に関する課題など，小グループ

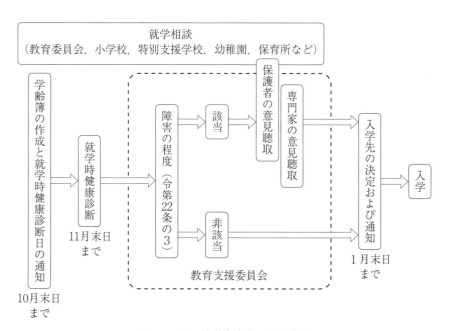

図12-1　就学先決定までの流れ

出所）文部科学省ホームページを参考に筆者作成

で実施可能な知能検査を行い，知的発達の段階を検討する。また，近年では発達障がいなど社会性の面で支援を必要とする子どもが増えてきているため，上述したような小集団での検査場面に加え，面接を通した行動観察で社会性についても検討することが多い。もともと障がいという診断をうけている場合や，就学時健康診断で障がいがある，あるいはその疑いがあると考えられた場合，「学校教育法施行令」第22条の3に定められた「障害の程度」に基づいて，その子どもが教育をうけるのにもっとも適していると考えられる学校種が検討されることとなる。

2．就学相談

就学時健康診断は，就学先の決定においてひとつの判断材料となるが，これだけで就学先が決まるわけではない。就学先の決定にあたっては，市町村教育委員会は保護者の意見を聞くことが義務づけられている。就学時健康診断の時点で，すでにわが子が診断をうけている保護者もいれば，このときはじめて障がいの可能性について目の当たりにする保護者もいる。後者の場合，わが子の将来を大きく左右する選択を，何の予備知識もないままいきなり求められることになる。そこで，保護者がよりわが子のことを理解し，適切な選択をするための制度として，就学相談が設けられている。

就学相談は主に市町村教育委員会が実施しているが，居住地域の小学校や特別支援学校，保育所，幼稚園などでも行われている。相談を通して保護者は，特別支援教育がどのようなものかという情報を集めたり，特別支援学校，特別支援学級，通級指導教室などを実際に見学に行ったりする。就学相談を保育士が行っている場合は，保護者と一緒に見学先に赴くこともある。保育士は日ごろの子どもの様子や，見学先で行われている教育内容を踏まえ，保護者の相談に対応していく姿勢が求められる。また，就学相談は就学時健康診断の前にも開始することができる。近年では5歳児健康診査を実施する自治体も増えてきており，それを機に就学相談が開始されることも多い。保護者がわが子の発達

について不安を感じている様子であったり，明らかに障がいが疑われる場合などは，保護者の気持ちに配慮しながら，早めの就学相談を勧めることも保育士としての重要な責務となる。

3．教育支援委員会

就学相談を通して，市町村教育委員会は保護者の意見も聴取しながら，その子の就学先について意見をまとめていく。その際，実際に調査・審議を担うのは市町村教育委員会によって設置された教育支援委員会（自治体によっては，就学支援委員会・就学指導委員会ともいう）という組織になる。教育支援委員会には特別支援学級の教員の他，教育学，医学，心理学等の専門家が，それぞれの領域から意見を述べることとなる。場合によっては，保育士に資料提供の依頼や意見が求められることもある。

こうした過程を経て，保護者には1月末日までに就学先が通知される。なお，2002（平成14）年からは認定就学制度が導入され，就学基準に該当する子どもであっても，市町村教育委員会が居住地域の小学校において適切な教育をうけることができる特別の事情があると認めれば，通常の小学校に入学することが可能となった。

第3節　保育士による連携の現状と課題

1．就学先との連携

上述してきたように，障がい児が就学する学校は多岐にわたる。しかし，すべての地域にすべての障がい種別に対応できる学校があるわけではないということに注意しなければならない。たとえば，保育士自身が勤務している地域にある特別支援学校は，どの障がい種別に対応しているのかについて，前もって調べておく必要がある。同様に，勤務地域の近辺では，どの小学校に特別支援学級や通級指導教室があるのかなどについても，リストアップするなどして把

握しておくことが大切である。また，就学相談の際に保護者がこれらの就学先の見学に行く場合は可能な限り付き添い，その実際をみておくことは保育士自身の保育技能を高めるうえでも非常に重要である。保育士は子どもの長い人生のスタート地点で関わる仕事である。したがって，乳幼児期の子どものことだけを考えて保育が展開されるのではなく，その子どもが小学校で適応するためには，今どのようなスキルを育んでおく必要があるのかという視点で保育は展開されるべきであろう。そのためには，就学先との連携を日常的に意識した取り組みが求められる。

2．就学相談における連携

　就学時健康診断から就学先の決定まで，2カ月という短い期間で保護者は就学先についての意見をまとめなければならない。それが十分な情報提供をうけたうえで納得のいく選択ならば理想であるが，現実はそうでないことも多い。「本当にこの選択で合っているのだろうか」と確信を得られないまま不安な気持ちの保護者もいれば，いわゆる通常の学校から排除されたと感じて頑なな態度になってしまう保護者もいよう。保護者のこういった気持ちに配慮しながら，就学先決定のための適切な情報提供をすることは，保育士の重要な責務のひとつとなる。ただし，就学先を決めるのが保育士による就学相談の目的ではないことに注意しなければならない。つまり，いくら保護者を励ますためとはいえ，「うちの保育所でついて来られたのだから，小学校に入ってからも大丈夫ですよ」といったような無責任な発言はすべきではない。一方では保護者の気持ちに配慮しながら相談に応じ，他方では教育支援委員会が適切な判断ができるように，子どもの保育所での生活を的確に伝えるべきである。その際，子どもの「できること」「できないこと」だけでなく，その子どもの保育のなかで保育士自身が工夫してきた点についても，しっかりと伝えていくことが，連携を効果的なものにするポイントである。

参考文献

尾崎康子ほか編『よくわかる障害児保育』ミネルヴァ書房，2010年

近藤直子ほか編『新版　テキスト障害児保育』全国障害者問題研究会出版部，2005年

能登宏『発達障害通級指導教室の指導・支援法——通常の学級でも使えるゲーム・遊び・余暇活動を通したソーシャルスキル獲得術——』明治図書，2008年

第13章 保健・医療における現状と課題

「保育所保育指針」第5章「健康及び安全」では,「子どもの健康及び安全は,子どもの生命の保持と健やかな生活の基本であり,保育所においては,一人一人の子どもの健康の保持及び増進並びに安全の確保とともに,保育所の子ども集団全体の健康及び安全の確保に努めなければならない。また,子どもが,自らの体や健康に関心を持ち,心身の機能を高めていくことが大切である」とし,そのために,次の4事項に留意することとしている。

1. 子どもの健康支援
2. 環境及び衛生管理並びに安全管理
3. 食育の推進
4. 健康及び安全の実施体制等

障がい児保育においても,これらを遵守しなければならないことは当然のことである。現在の障がい児保育においてこれらがどのように実施されているか,本章で概説する。

第1節　保健所・市町村保健センターとの連携

1. 保健所とは

保健所は,「地域保健法」第5条に基づき,都道府県,指定都市,中核市その他政令で定める市及び特別区に設置される行政機関であり,主に都道府県や

指定都市が設置主体となっている。公衆衛生行政の機関として，児童福祉および母子保健や身体障がい者等の福祉の分野で大きな役割を果たしている。保健所には，医師，歯科医師，薬剤師，獣医師，診療放射線技師，臨床検査技師，管理栄養士，保健師などの職員が置かれている。

保健所における児童福祉関係業務の主なものは，次のとおりである。
① 児童の保健・予防に関する知識の普及
② 児童の健康相談，健康診査，保健指導
③ 身体に障がいのある児童および疾病により長期にわたる療育を必要とする児童に関する療育指導
④ 児童福祉施設に対する栄養の改善その他衛生に関する助言

2．市町村保健センターとは

市町村保健センターは，「地域保健法」第18条に基づき，市町村が設置することができる行政機関である。市町村における地域保健対策の拠点として，住民に対する健康相談，保健指導，健康診査その他地域保健に関して必要な事業を行うことを目的としている。

市町村保健センターにおける児童福祉関係業務の主なものは，次のとおりである。
① 乳幼児に対する保健指導
② 乳幼児に対する訪問指導
③ 1歳6か月児健康診査，3歳児健康診査などの乳幼児健康診査

3．乳幼児健康診査

障がい児保育における保健所・市町村保健センターの重要な役割のひとつに，乳幼児健診がある。乳幼児健診は，「母子保健法」第12条の規定により地方自治体が主体となって1歳6か月児健康診査や3歳児健康診査が行われている。これら乳幼児健診には，次のような意義と機能が求められている。

① 健康状態の把握

　子どもの健康状況だけではなく，その地域の健康状況を把握する意義がある。たとえば，「健やか親子21（第2次）」で示されている標準的な問診項目は，子どもの健康状況を把握し保健指導につなげるだけでなく，地域の状況をきめ細やかに把握し対策につなげることも可能である。

② 支援者との出会いの場

　健診の場は，子どもや保護者が一方的に指導される場ではなく，健診に親子が参加し，地域の関係機関の従事者と出会い，支援を円滑に開始するために活用される意義がある。

③ 多職種が連携した保健指導による支援

　多職種が連携した保健指導では，各専門職種が有する技術や知識を健診に応用することなど，多角的な視点が求められる。多分野の専門知識と技量を従事者間で共有し，工夫することにより，分野間で切れ目のないサービスや支援を提供することが重要である。

④ 一貫した行政サービスを提供するための標準化

　近年，地域住民，とりわけ子育て世代の生活状況はきわめて多様である。里帰りで一時的に居住する場合も，同じ地域の仲間としてその後の支援につながるために，すべての都道府県と市町村において共通の標準的な健診事業の基盤を整えることが必要である。

　以上のように，近年は乳幼児健診の役割が疾病や障がいのスクリーニングに加え，子育て支援につなぐ役割も含まれるようになってきている。従来の保健指導区分から，「子育て支援の必要性区分」という新たな区分が提案されている。

表13−1 「子育て支援の必要性」の判定の例示

項目名		評価の視点	判定区分	判定の考え方
子の要因	発達	子どもの精神運動発達を促すための支援の必要性	・支援の必要性なし ・助言・情報提供で自ら行動できる ・保健機関の継続支援が必要 ・機関連携による支援が必要	子どもの精神運動発達を促すため，親のかかわり方や受療行動等への支援の必要性について，保健師ほかの多職種による総合的な観察等で判定する。
	その他	発育・栄養・疾病・その他の子どもの要因に対する支援の必要性	・支援の必要性なし ・助言・情報提供で自ら行動できる ・保健機関の継続支援が必要 ・機関連携による支援が必要	子どもの発育や栄養状態，疾病など子育てに困難や不安を引き起こす要因への支援の必要性について，保健師ほかの多職種による総合的な観察等で判定する。
親・家庭の要因		親・家庭の要因を改善するための支援の必要性	・支援の必要性なし ・助言・情報提供で自ら行動できる ・保健機関の継続支援が必要 ・機関連携による支援が必要	親の持つ能力や疾病，経済的問題や家庭環境など子育ての不適切さを生ずる要因への支援の必要性について，保健師ほかの多職種による総合的な観察等で判定する。
親子の関係性		親子関係の形成を促すための支援の必要性	・支援の必要性なし ・助言・情報提供で自ら行動できる ・保健機関の継続支援が必要 ・機関連携による支援が必要	愛着形成や親子関係において子育てに困難や不安を生じさせる要因への親子への支援の必要性について，保健師ほかの多職種による総合的な観察により判定する。

出所）山崎嘉久編『標準的な乳幼児期の健康診査と保健指導に関する手引き』あいち小児保健医療センター，2015年，p. 35

第2節　医療機関との連携

　子どもの出産・育児と医療機関とは密接に関連している。出産については，妊産婦健診・新生児マススクリーニング，育児については，乳幼児健診（本章

第1節で紹介)・小児慢性特定疾病医療費の支給・自立支援医療制度・子どもの心の診療ネットワーク事業等がある。

1．妊産婦健康診査

妊産婦健康診査は，正常に経過し分娩に至ることを目的とし，「母子保健法」第13条に規定されている。市町村に実施の義務があり，必要な妊産婦健康診査のすべての回数（約14回程度）が公費で助成される。

しかし，妊産婦健康診査の未受診は大きな問題となっている。大阪府の調査では，2009（平成21）年に152件だった未受診妊婦の「飛び込み出産（妊産婦健診を受診せずに，出産時に産婦人科病院に駆け込み出産をする)」が2012（平成24）年には307件と3年で倍増している。2014（平成26）年には262件と微減している。未受診は出産に際し大きなリスクを伴うため，厚生労働省はリーフレット等を作成し，妊産婦健診の重要性の広報に力を入れている。

2．新生児マススクリーニング

新生児マススクリーニングは，先天性代謝異常等を早期発見し治療につなげる目的で，日本では1977（昭和52）年から開始され，現在，ほぼ100％の受検率にある。

3．小児慢性特定疾病医療費の支給

小児慢性特定疾病医療費は，治療が長期にわたり医療費が高額になる特定の疾患に対し，治療の確立と普及を図り，家族の医療費負担軽減を図るものである。

4．自立支援医療制度

自立支援医療制度は，心身の障がいを除去・軽減するための医療について，医療費の自己負担額を軽減する公費負担医療制度であり，対象は3分類ある。

① 精神通院医療

「精神保健福祉法」第5条に規定する統合失調症などの精神疾患を有する者で，通院による精神医療を継続的に要する者

② 更生医療

「身体障害者福祉法」に基づき身体障害者手帳の交付を受けた者で，その障がいを除去・軽減する手術等の治療により確実に効果が期待できる者（18歳以上）

③ 育成医療

身体に障がいを有する児童で，その障がいを除去・軽減する手術等の治療により確実に効果が期待できる者（18歳未満）

5．子どもの心の診療ネットワーク事業

子どもの心の診療ネットワーク事業は，さまざまな子どもの心の問題，児童虐待や発達障がいに対応するため，都道府県における拠点病院を中核とし，地域の医療機関ならびに児童相談所，保健所，市町村保健センター，要保護児童対策地域協議会，発達障がい者支援センター，児童福祉施設および教育機関等と連携した支援体制の構築を図っている。

第3節　地域支援

1．保育所（園）への巡回指導

対象児は，肢体不自由児・ダウン症候群など，身体的に支援が必要な子どもについては，保護者了解のもと，理学療法士や作業療法士が，実際に幼稚園や保育園に行き，所長，特別支援担当等の職員を含め，支援の方法，援助の方法等を，共通理解し，家庭，保育所，専門機関との密なる連携を目指し，対象児のよりよい発達に取り組む。

この巡回指導については，公立，私立にかかわらず，保育所から要請があれ

ば，指導をうけることができる。その場合でも，必ず保護者の了解が必要であり，保護者同伴が条件となる。

　幼稚園については，小学校，中学校との連携の下，巡回指導を行うことができる。この場合も，保護者の理解，同伴が条件である。幼稚園の職員だけでなく，小学校の特別支援担当にも，巡回指導に立ち会ってもらい，幼小中の長いスパンでの指導ができるようになり，それぞれの学校園での，連携にもつながっていく。

2．教育委員会や療育センターによる訪問指導

　主に幼稚園，小学校，中学校に在籍する，知的障がい，発達障がいの子どもが対象で，いずれも保護者の了解および同伴が条件とはなるが，教育委員会や療育センターの専門職員が園や学校へ訪問に訪れる。この巡回訪問では，その子にあった支援の方法や援助の仕方等を，園や学校の教諭と保護者，そして療育センター等との間で共通理解をすることが目的とされている。つまり，家庭と教育機関，そして専門機関が連携し，より良い育ち，成長を育む目的とされている。

第4節　今後の課題

1．障がい児の保健領域に関する課題

　子どもの障がいに気づく可能性が高い機関に，保育所があげられる。保育所に続き，医療機関や家族，そして保健師が，乳幼児の障がいを発見することが多い。保健師は，地域において予防に重点を置いた健康管理を行う職業であり，障がい児とのかかわりでいえば，保健師は，1歳6か月児健診や3歳児健診を実施する。これは，乳幼児の健康や発達の遅れの発見が目的とされている。

　そして保育所などで勤務する保育士は，養成のプロセスにおける学習におい

て，保健師だけではなく保育現場に関係するさまざまな専門職者との連携の必要性を学習する。一方で，保健師の養成においても保育士との連携は必須であると学ぶ。しかし，実際の現場においては，保育士と保健師との連携が必ずしも理想通りなされているかといえば，そうではない部分もある。たとえば，保健師からみると，保育士の障がいについての専門性が低くみえることがあるという。しかしそれは保育士が，障がいの診断や，診断を前提とした医師の診察を斡旋することの危うさを実感として理解をしているがゆえである。つまり実際には，必ずしも専門性が低いから助言できないケースばかりではなく，今後の保護者との関係性を考えて，助言の内容を工夫しているにすぎないこともある。

　しかし，このような齟齬があるとはいえ，結果的に双方の連携が上手くなされない場合もある。それではどのような方法で双方の温度差が埋められるのかといえば，資格取得を目指す学習の段階における「連携」があげられる。つまり，養成校において協働体験ができるプログラムの提案があげられる。具体的には，保育士養成校における保健所での実習プログラムの確立や，看護学校において保育所での実習を取り入れるなど，その協働体験はいかようにも工夫できる。たとえば，看護学校の学生が1歳6か月健診の場面で実習しているのと同じように，保育士養成校の学生も健診場面で観察実習に参加するだけでも，協働に関する意識変革がもたらされることが期待できるのではないか。

2．障がい児の医療領域に関する課題

　障がい児の乳幼児期においては，院内の医療を中心とした生活環境から家庭での生活に移行するにあたり，家庭内の環境をどのように整えていくか，家族による介護や医療的ケアをどのように行っていくのか，などが課題となる。また，介護する家族の職場復帰や就労に関する支援も今日的な課題となっている。

　それは，在宅生活の環境整備や支援体制の確保，医療的ケア，在宅リハビリ

テーションの導入と指導，入院を防ぐ予防的医療の充実，あるいは障がい児を介護する家族の職場復帰や就労支援なども，今後の課題といえる。

そして，未就学期には障がい児地域療育センターの利用が始まる。しかし，重度の医療的ケアが必要な場合は，母子通園が求められる。そして，通園バスが利用できない場合などは，療育センターまでの移動手段の確保が課題となる。またこの時期にも入院を防ぐ予防的医療として，健康管理と急性疾患対応が課題となる。

参考文献

小川圭子・矢野正編著『障がい児の理解と支援』嵯峨野書院，2014年
小田豊監修，栗原泰子・野尻裕子編著『障がい児保育』光生館，2012年
小林保子・立松英子『障害児療育』学術出版会，2013年
丸山アヤ子「保育所における発達障害児の実態―保育所（園）長・主任保育士の意識調査から―」『立正社会福祉研究』第8巻第1号，2006年
福井公子『障がいのある子の親である私たち』生活書院，2013年
中村義行・大石史博編『障害臨床学ハンドブック［第2版］』ナカニシヤ出版，2013年
立花直樹・波田埜英治編著『児童家庭福祉論』ミネルヴァ書房，2015年
山崎嘉久編『乳幼児期の健康診査と保健指導に関する手引き―「健やか親子21（第2次）」の達成に向けて―』あいち小児保健医療総合センター，2015年

第14章

福祉・教育における現状と課題

第1節 福祉における現状

1．障害者基本計画

　障害者基本計画は「障害者基本法」第11条第1項に基づいて，政府により「障害者の自立及び社会参加の支援等のための施策の総合的かつ計画的な推進を図るため，障害者のための施策に関する基本的な計画」として策定されたものである。現在の第3次の計画は2013（平成25）年度から2017（平成29）年度までの概ね5年間を対象としている。

　このなかで，「Ⅲ 分野別施策の基本的方向　1．生活支援　(3)障害児支援の充実」があり，次のように規定されている（一部要約）。

- 障がい児やその家族を含め，全ての子どもや子育て家庭を対象として，身近な地域において，「子ども・子育て支援法」に基づく給付その他の支援を可能な限り講じるとともに，障がい児が円滑に同法に基づく教育・保育等を利用できるようにするために必要な支援を行う。
- 障がい児を受け入れる保育所のバリアフリー化の促進，障がい児保育を担当する保育士の専門性向上を図るための研修の実施等により，障がい児の保育所での受入れを促進するとともに，幼稚園における特別支援教育体制の整備を図るため，公立幼稚園における特別支援教育支援員の配置等を推進する。

- 障がい児の発達を支援する観点から，障がい児及びその家族に対して，乳幼児期から学校卒業後まで一貫した効果的な支援を地域の身近な場所で提供する体制の構築を図り，療育方法等に関する情報提供やカウンセリング等の支援を行う。
- 「児童福祉法」に基づき，障がい児に対して指導訓練等の支援を行う児童発達支援等を提供するとともに，「障害者総合支援法」に基づき，居宅介護，短期入所，障がい児を一時的に預かって見守る日中一時支援等を提供し，障がい児が身近な地域で必要な支援を受けられる体制の充実を図る。また，障がい児の発達段階に応じて，保育所等訪問支援及び放課後等デイサービス等の適切な支援を提供する。
- 障がい児について情報提供や相談支援等によりその家庭や家族を支援するとともに，在宅で生活する重症心身障がい児（者）について，短期入所や居宅介護，児童発達支援等，在宅支援の充実を図る。
- 児童発達支援センター及び障害児入所施設について，障がいの重度化・重複化や多様化を踏まえ，その専門的機能の強化を図るとともに，これらの機関を地域における中核的支援施設と位置付け，地域や障がい児の多様なニーズに対応する療育機関としての役割を担うため，必要な施設整備も含めて体制整備を図る。

これらが 2017（平成 29）年度までの計画期間内に着実に実現されなければならない。

2．経済的支援の制度

20 歳未満で政令に規定する障がいの状態にある児童を監護している父母には「特別児童扶養手当等の支給に関する法律」により，特別児童扶養手当が支給される。特別児童扶養手当は 1 人あたり月額最高 51,500 円である。また，一定以上の障がいのため日常生活において介護を必要とする 20 歳未満の者には障害児福祉手当が支給される。障害児福祉手当は月額 14,600 円である。金

額はともに 2016(平成 28)年 4 月分からである。

3．小児慢性特定疾病対策

小児慢性特定疾病とは，児童又は児童以外の満 20 歳に満たない者（児童等）が当該疾病にかかっていることにより，長期にわたり療養を必要とし，及びその生命に危険が及ぶおそれがあるものであって，療養のために多額の費用を要するものとして厚生労働大臣が社会保障審議会の意見を聴いて定める疾病をいう（「児童福祉法」第 6 条の 2 第 1 項）。

都道府県知事が指定する医療機関（指定小児慢性特定疾病医療機関）に通い，又は入院する小児慢性特定疾病にかかっている児童等（政令で定めるものに限る）であって，当該疾病の状態が当該小児慢性特定疾病ごとに厚生労働大臣が社会保障審議会の意見を聴いて定める程度であるものに対して小児慢性特定疾病医療支援が行われる（同条第 2 項）。対象疾病の拡大が図られている。

第 2 節　教育における現状

1．特別支援教育の理念

文部科学省は 2007（平成 19）年 4 月 1 日付け文部科学省初等中等教育局長通知「特別支援教育の推進について」（19 文科初第 125 号）において，特別支援教育の理念について次のように示している。

すなわち，「特別支援教育は，障害のある幼児児童生徒の自立や社会参加に向けた主体的な取組を支援するという視点に立ち，幼児児童生徒一人一人の教育的ニーズを把握し，その持てる力を高め，生活や学習上の困難を改善又は克服するため，適切な指導及び必要な支援を行うものである。また，特別支援教育は，これまでの特殊教育の対象の障害だけでなく，知的な遅れのない発達障害も含めて，特別な支援を必要とする幼児児童生徒が在籍する全ての学校において実施されるものである」とする。

さらに、特別支援教育の社会に対する重要な意義として「障害のある幼児児童生徒への教育にとどまらず、障害の有無やその他の個々の違いを認識しつつ様々な人々が生き生きと活躍できる共生社会の形成の基礎となるもの」であることを明らかにしている。

2．学校教育法と特別支援学校幼稚部教育要領

「学校教育法」第81条第2項は、小学校・中学校・高等学校・中等教育学校には、① 知的障害者、② 肢体不自由者、③ 身体虚弱者、④ 弱視者、⑤ 難聴者、⑥ その他障害のある者で、特別支援学級において教育を行うことが適当なもの、のいずれかに該当する児童及び生徒のために、特別支援学級を置くことができることを定めている。また、それら学校は疾病により療養中の児童及び生徒に対して、特別支援学級を設け、又は教員を派遣して、教育を行うことができる（同条第3項）。

2009（平成21）年3月告示の特別支援学校幼稚部教育要領の第1章「総則」第2「幼稚部における教育の目標」では、教育の目標として「幼稚部では、家庭との連携を図りながら、幼児の障害の状態や発達の程度を考慮し、この章の第1に示す幼稚部における教育の基本に基づいて展開される学校生活を通して、生きる力の基礎を育成するよう次の目標の達成に努めなければならない」としている。

その達成すべき目標とは、①「学校教育法」第23条に規定する幼稚園教育の目標、② 障害による学習上又は生活上の困難を改善・克服し自立を図るために必要な態度や習慣などを育て、心身の調和的発達の基盤を培うようにすることの2点である。

第3節　福祉・教育における課題

1．障害の早期発見

　「母子保健法」第12条は，市町村は，①満１歳６か月を超え満２歳に達しない幼児，②満３歳を超え満４歳に達しない幼児に対し，厚生労働省令の定めるところにより，健康診査を行わなければならないことを定めている。これを乳幼児健康診査という。具体的項目は「母子保健法施行規則」第２条に定められていて，そのなかには四肢運動障がいの有無・精神発達の状況・言語障がいの有無の項目もある。これら検査項目に基づいて検査を行っても全部の障がいを速やかに発見できるとは限らない。とりわけ短時間での一斉健診には限界がある。しかし，一定年齢においてすべての子どもについて障がいの有無を確認し，必要に応じて治療・教育する意義は大きい。検査の精度を高めていくことが求められる。

2．障がい児施設の一元化

　従来，障がい児に対して障がいの種別等より施策が実施され施設も設けられてきた。しかし，１種類の障がいにとどまらない重複障がいを有する児童への対応が必要とされるとともに身近な地域で支援をうけられるよう施設を再編することが求められていた。2012（平成24）年度より一元化が行われ，障害児入所施設は福祉型と医療型が設けられた。

　他方，従前，障がい児に障がいの種別ごとに専門的な機能訓練等の対応がなされていたが，それをどう継続していくか，あるいは施設職員の知識技能の向上をいかにして図っていくかが課題として残されている。

3．小児慢性特定疾病対策の動向

　「児童福祉法」改正により2015（平成27）年から小児慢性特定疾病対策が行われている。小児慢性特定疾病とは，児童又は児童以外の満20歳に満たない

者（児童等）が当該疾病にかかっていることにより，長期にわたり療養を必要とし，及びその生命に危険が及ぶおそれがあるものであって，療養のために多額の費用を要するものとして厚生労働大臣が社会保障審議会の意見を聴いて定める疾病である（「児童福祉法」第6条の2第1項）。

小児慢性特定疾病医療支援は，指定小児慢性特定疾病医療機関に入院・通院する小児慢性特定疾病にかかっている小児慢性特定疾病児童等であって，疾病の状態が疾病ごとに厚生労働大臣が定める程度であるものに対し行われる医療である（同条第2項）。

医療費支給認定に係る小児慢性特定疾病児童等が，指定小児慢性特定疾病医療機関から医療費支給認定に係る小児慢性特定疾病医療支援を受けたときは，医療費支給認定保護者に対して都道府県から小児慢性特定疾病医療費が支給される（「児童福祉法」第19条の2第1項）。

現在，対象疾病の拡大が順次なされているが，いわゆる難病という性質上，対象となるか否かの線引きが困難であり，また新しく発見されるものもあるので事前に網羅的に対象を指定することが難しいという限界がある。医学的知見に基づき診断可能で，かつ救済の必要性の高いものから対象にしていくしかないと考えられる。

4．放課後等デイサービス

放課後等デイサービスは，就学している障害児に「授業の終了後又は休業日に児童発達支援センターその他の厚生労働省令で定める施設に通わせ，生活能力の向上のために必要な訓練，社会との交流の促進その他の便宜を供与することをいう」とされている（「児童福祉法」第6条の2の2第4項）。なお，未就学児童は児童発達支援事業および医療型児童発達支援事業の対象となる。2012（平成24）年から旧児童デイサービスが児童発達支援と放課後等デイサービスに分割され，根拠法も「児童福祉法」となった。放課後・休日や長期休暇において，生活能力を高める訓練や社会との交流促進等が図られるよう支援が求めら

れる。

5．学習指導要領

たとえば「小学校学習指導要領」総則第4「指導計画の作成等に当たって配慮すべき事項」2(7)では，「障害のある児童などについては，特別支援学校等の助言又は援助を活用しつつ，例えば指導についての計画又は家庭や医療，福祉等の業務を行う関係機関と連携した支援のための計画を個別に作成することなどにより，個々の児童の障害の状態等に応じた指導内容や指導方法の工夫を計画的，組織的に行うこと。特に，特別支援学級又は通級による指導については，教師間の連携に努め，効果的な指導を行うこと」とされている。

6．通級による指導

文部科学省の「平成26年度通級による指導実施状況調査結果」によれば，通級による指導をうけている児童生徒数は2014（平成26）年度で83,750名である。設置学校数は3,809校であり，公立小・中学校の12.4％の学校で通級による指導が行われている。指導時間別児童生徒数は全体では週1単位時間が50.7％である。通級形態別では，他校通級が47.5％，自校通級が46.3％，巡回指導が6.2％である。学習障がい（LD），注意欠陥多動性障がい（ADHD），肢体不自由および病弱・身体虚弱の児童生徒は自校通級が多い。

障がい種別では，「言語障がい」が41.0％，「自閉症」が15.9％，「情緒障がい」が11.2％，「学習障がい」（LD）が14.3％，「注意欠陥多動性障がい」（ADHD）が14.6％，「難聴とその他の障がい」が2.9％である。特別支援学校・特別支援学級の充実とともに，通級による指導も対象の拡大と幅広い受け入れがなされなければならない。

7．特別支援教育コーディネーター

2007（平成19）年4月1日に発出された文部科学省初等中等教育局長通知

「特別支援教育の推進について」（19文科初第125号）では，「3．特別支援教育を行うための体制の整備及び必要な取組 (3)特別支援教育コーディネーターの指名」において，「各学校の校長は，特別支援教育のコーディネーター的な役割を担う教員を「特別支援教育コーディネーター」に指名し，校務分掌に明確に位置付けること。特別支援教育コーディネーターは，各学校における特別支援教育の推進のため，主に，校内委員会・校内研修の企画・運営，関係諸機関・学校との連絡・調整，保護者からの相談窓口などの役割を担うこと」とされている。校長は，特別支援教育コーディネーターが，学校において組織的に機能するよう一層努めなければならない。

8．学校での医療的ケア

　2011（平成23）年12月20日付文部科学省初等中等教育局長通知「特別支援学校等における医療的ケアの今後の対応について」によれば，特別支援学校における医療的ケアの基本的な考え方として，特別支援学校で医療的ケアを行う場合には，医療的ケアを必要とする児童生徒等の状態に応じ看護師および准看護師の適切な配置を行うとともに，看護師等を中心に教員やそれ以外の者が連携協力して特定行為に当たることなどが定められている。

　適切な医療的ケアのもとで，特別支援教育が進められなければならない。

参考文献

西村重稀・水田敏郎編集『障害児保育』中央法規，2015年

堀智晴・橋本好市・直島正樹編『ソーシャルインクルージョンのための障害児保育』ミネルヴァ書房，2015年

七木田敦・松井剛太編著『つながる・つなげる障害児保育―かかわりあうクラスづくりのために―』保育出版社，2015年

第15章

支援の場の広がりとつながり

　第11章では，地域の専門機関等との連携について触れられているが，本章では，「保育所保育指針」第6章の3の「地域における子育て支援」を中心として，障がい児やその保護者へ対する地域の支援について述べることとする。

第1節　支援の場の広がり

1．子育て支援の場

　「保育所保育指針」によると，子育て支援の場には，「地域の子育ての拠点」および「一時保育」という2つの機能がある。「地域の子育ての拠点」の内容としては，（ア）子育て家庭への保育所機能の開放（施設及び設備の開放，体験保育等），（イ）子育て等に関する相談や援助の実施，（ウ）子育て家庭の交流の場の提供及交流の促進，（エ）地域の子育て支援に関する情報の提供，といったことが含まれる。また，一時保育には特に定められた内容はなく，預ける際の理由についても特に定められたものはない。

　さて，このような子育て支援の場において，障がい児やその保護者はどのように過ごしているのだろうか。

　地域の子育ての拠点事業の場合には，子どもと保護者がいっしょに参加する形態のため，その場にいることにより保護者同士で情報交換をしたり，親しくなった保育士に少し気になっている子どもの発達について相談したりすること

ができる。相談をうける保育士には，ある程度，相談者としての力量が求められるが，必ずしも，この場ですぐに解決方法を提示する必要はない。内容によってはすぐに解決するよりむしろ，保育所が日常的に連携している他の専門機関の情報を紹介することで解決の糸口をスムーズに見つけることができる相談もある。このような対話を通して，保育士は子育て支援の場にいる身近な相談相手としての役割を発揮することができ，保護者や子どもにとっては日常的に保育の視点で子どもに携わっている人からのアドバイスをうけることのできる機会となる。

　一方，一時保育は，さまざまな理由（ニーズ）により，市町村との連携のなかで実施される。形態は，子どものみの参加となるのだが，ただ単に預かるだけでなく，必要に応じて通常の保育と関連させることにより子どもの心身の状態を配慮した保育を行っている。そのため，障がいのある幼児を預ける場合でも，発達上で何かしら気がかりなことがあれば，そのことを保育士に伝え配慮した保育をうけることができる。当然，保育士から保護者へ，一日の子どもの様子を伝え聞くことができる。また，保護者は一時保育の間に仕事をしたり，家事やレスパイトのための時間として利用することができるため，保護者にとってのメリットが大きいといえる。

　このように地域の子育て支援の場は2つの機能を中心に広がりを見せている。実際に2009（平成21）年度では，全国で5,199カ所だったが，2014（平成26）年度では，6,538カ所と5年間で1,000カ所以上増えている。このことから徐々に支援が広がりを見せていることがわかる。そして，このなかには，多くの障がい児とその保護者が悩みを抱いていることを忘れてはならない。今後は，利用者支援事業などを利用して，保護者と子どもが指定障害児相談支援事業所等への専門機関にうまくつながっていくことが望まれる。

2．民間の障がい児支援サービス

　障がい児とその保護者を支援するサービスには，民間のNPOなどが取り組

んでいるものもある。最近では,放課後等デイサービスのような預かり機能のある取り組みが目立つが,一方で生活により密着したサービスを提供している団体などがある。ここでいう生活に密着したとは,日常生活上で必要となる支援としておく。障がい児のなかには,私たちが日常的に何気なくできていることであっても,うまくできずに諦めてしまったり,また,サービスをうけようとしても提供する側のスキルや配慮が乏しく,十分にサービスがうけられないことがある。逆に考えると,子ども一人ひとりに適した配慮が整うことにより,十分なサービスをうけることが可能になるのである。

　先ほど述べた"日常生活"として,買い物,散髪(理美容),通院,外食,等々が考えられる。ひとつの例として外食を取り上げよう。時間帯は平日の16時頃で店内には親子連れと筆者のみだった。店内は静かだったためにゆっくりと食事ができていたようである。しかし,よく考えてみると,なぜこの時間に外食をしているのだろうか。おそらく,昼食時は客も多く,その子にとっては刺激が多く,楽しい外食にはならないのだろう。昼食時に静かな落ち着ける環境が用意されているなら,その時間に食事をするのではないだろうか。店側が配慮するのではなく,親子が気をつかっているのではないかと考え込んでしまった。これでは好きな時に外食ができないではないか。

　上記の例のように日常の何気ない場面において,細やかなサービスが十分にうけられるとは言いがたいケースは存在する。それでも以前と比べ,現在では,ボランティアやガイドヘルパーが外出支援を行うことによって,かなりのニーズに応えることができるようになっているが,それでも格段に外出の機会が多くなったとは言い難い。

　さて,このような現状に対して,公的機関もさまざまなサービスを展開しているが,生活のなかの何気ない困りごと(当人は大変困っているが)になかなか手が届かない。そこで民間のサービスの出番である。現在,どのくらいの民間サービスがあるかここでは述べないが,試しにインターネットで「障がい」「支援」「NPO」「ボランティア」などの用語で検索してみると数多くの民間団

体がヒットしてくる。その多くは口コミにより存在が知られるようだが，なかには，NPOのように法人化することで助成をうけて利用者のさまざまなニーズに応えようとしている団体もある。いくつか生活に密着したサービスを展開している団体の例を紹介する。

⑴ **理美容サービス**

　NPO法人セルフ（URL　http://www.self-cut.org/）は，佐賀県佐賀市を中心として活動している団体である。理美容を主たる事業としているが，それだけでなく，他にも理美容と直接関連ない地域支援活動を展開している。事業内容は以下の通りである。

　　1）バリアフリー店内での理髪事業
　　2）訪問・出張カット
　　3）ボランティア講座の開講（年4回）
　　4）障がい児のための余暇支援活動（年6回）
　　5）フリーマーケット出店

　当初は普通の美容室や床屋に行けないことで悩んでいた子どもの自宅を訪問してヘアカットをしていた。そのことが口コミで広がり，現在はNPOとして営業を続けている。ヘアカットをうけるのが苦手な子どもに対して，映像を見せたり，カットの手順を見せるなどさまざまな工夫と配慮で対応している。このサービスで，これまでヘアカットに抵抗のあった子どもも安心してカットできるようになっている。また，理美容の傍ら，ボランティア講座や障がい児の余暇支援活動といった，地域のボランティアと障がい児とその保護者を結びつける役割も果たしている。

⑵ **安心できる居場所づくり**

　NPO広島発達支援の会リバシー（URL　http://www.npo-riversea.com/）は，NPO設立以前は研究会として発足した。障がい児に関わる専門職や保護者を対象とした研修会や事例検討会などを開催してきた。NPOとしての事業は以下の通りである。

1）感覚統合療法に基づいた感覚運動指導と指導者の養成
2）保護者のカンファレンス・教育相談
3）発達障がい児の学習指導
4）発達障がい児の生活指導
5）支援を必要とする子どもの音楽療法

 現在は，3），4），5）の事業については，会員の交代や退会等により，他の団体で実施している。
 この会のコンセプトは"親切なおせっかい"となっている。"おせっかい"と聞くと求められていないにもかかわらず世話をするというイメージを抱いてしまう。そこにあえて"親切な"をつけて，「強く求められているわけではないが，相手が求めているであろうことを察知して，お手伝いさせていただく」という思いが込められている。これまで行ってきた具体的な"親切なおせっかい"の例は次の通りである。

- 学校と保護者との間に入り，子どもの集団適応に関するアドバイスや学校生活のスケジュールの調整をするコンサルテーション。
- 保護者や教員の悩みを聞き，家庭訪問や学校訪問を行い，具体的な支援について検討する相談支援。
- 月に1度のペースで小学校の体育館や公民館を利用して実施するレクリエーションや感覚遊びといった遊び場の提供。
- 自宅でも無理なく取り組める遊びや活動が展開できるように保護者と学生ボランティアやスタッフが合同でカンファレンスを行い，課題の共通理解を図る。

 先ほども書いたように，現在では，1）感覚統合療法に基づいた感覚運動指導と指導者の養成，2）保護者のカンファレンス・教育相談，が主となっており，具体的には障がい児の余暇支援活動（月に1度の感覚運動遊びやレクリエーションキャンプ，お出かけ支援）と保護者相談が活動の中心となっている。保護者

相談の具体的内容については川邊浩史・菅原航平・清水健司・海塚敏郎がこのNPOの取り組みを具体的にまとめているので参考にして頂きたい。そこに"親切なおせっかい"が具体的に報告されている。

　2つの事例を簡単に紹介したが，このような取り組みは全国に数多く存在する。大切なことは，保育士がこれらの情報をどれだけ保護者に提供できるかということである。現在はインターネットの普及により，多くの支援活動を瞬時に検索できるようになっているが，詳細や信頼度（どれだけ安心して利用できるか）などについては，ネット上の情報（口コミなど）だけで判断することは難しい。やはり，利用した人の声などを把握するのはもちろん，保育士自身も実際に訪ねてみて保護者と子どもの状況に応じたサービスが提供されているかどうかを確認することも必要かもしれない。いずれにしても，民間団体ならではのフットワークの軽さ（使いやすさ）や細やかな配慮あるサービスを利用しない手はないだろう。できれば，民間サービスのデータベース化や支援に関するガイドブック等の作成と情報発信が今よりももっと広がることを願う。

第2節　支援のつながり

　第1節では，支援の場の種類やその広がりについて述べてきたが，第2節では，保育士が支援の場にどのように関わっていくのかについて述べていく。

　保育の仕事のなかでも，特に障がい児を担任すると保育全般，就学前のやりとり，保護者相談でかなりの時間を必要とする。ところが，実際には丁寧な支援をしようとしていても業務のなかで十分な時間を確保することが難しい場合がある。"保育の現場は忙しい"，さまざまな保育所を訪問すると必ず似たようなことを聞くことがある。忙しいのは，保育所に限ったことではなく，どの職種にもいえることではあるが，子どもの命を預かるという点で考えると，真剣に子どもに向き合うほど，かなりの神経を使う仕事であることは間違いない。このような激務のなかで，障がい児とその保護者に真摯に向き合い，かつ地域

とつながっていくにはどのような工夫が必要だろうか．実は時間を割くことを考えるのではなく，支援をどういう方向から進めるか，どの部分に力を入れるのかということを整理して考える必要があるだろう．

　支援と聞くと，支援する側，支援される側とに分けて捉えがちだが，NPOの例でも述べたが，支援は必要とされていなければ支援にはならない．与えることばかりが支援とは限らないのである．ひとまず，障がい児とその保護者の支援をさまざまな角度から考えてみると，けっして一方向ではないことに気づく．もう少し整理すると，保育士としての支援には少なくとも，「所属する所内（職場）でできること」「支援の情報を提供すること（必要とする人が選択できるように）」「つながること（連携と協働）」の3つが存在することがわかる．

　「所属する所内でできること」は，他の章を参考にするとわかるが，障がい児とその保護者に対する支援力の向上が関係している．そのため，この章では「情報提供」と「つながり」に注目してみる．冒頭でも述べたように，保育の業務は忙しい．しかし，子どもの支援を誰かにゆだねるだけでは全体としてのクラス経営がうまくいかない．かといって，担任一人が抱え込むことも結果として業務に支障をきたしてしまう．そこで，「情報提供」と「つながり」をうまく使うことが必要なのである．

　まず，情報提供であるが，第1節でも述べたように地域には多くの民間の支援団体が多く存在する．それらの情報を正確に取り入れ紹介するのは，子どもにとって最善の利益を生じることがある．当然，情報を保育士自らが集めることも大切である．しかし，何度も繰り返すが支援は相手のニーズがどこにあるかが大切である．ニーズに応えるためには，直接保護者に普段困っていることなどを尋ねることが必要である．たとえば，送迎時の保護者との対話や連絡帳を利用して，そのなかからニーズを拾うことは有効である．その情報に基づいて支援情報を調べるのは近道である．また，保護者から情報をもらうこともあるため，他の保護者へ情報提供をするときに大変役立つことがある．さらに情報が多すぎることも保護者の子育てを混乱させてしまうことがあるために，特

に保育士新人の時には，同僚に相談することも必要であることを付け加えておく。

　ニーズの把握ができ，次に重要になるのが，つながり（連携と協働）である。職場内で連携するのは当然必要であるが，ここでいう"つながり"とは，外部とのつながりである。子どもが支援を受けている，あるいは受けようとしているサービスを把握して，その事業所との連携を図ることが子どもの将来にとって重要となる。菊池紀彦は地域生活支援に関する調査のなかで，「養育上の負担は，医療・福祉サービスなどの社会資源よりも，悩みなどを共有できる家族会などの社会資源を利用することで軽減される[3]」と述べている。保護者の心の安定は子どもの養育へ影響を及ぼすのである。そうして考えると，保育士が子どものうけているサービス機関とつながることにより，保護者と子育てを共有することができるのである。つまり保護者の気持ちに共感することが可能となる。

　今後，保育士はさらなる専門性を求められることになる。しかし，一人ではどうしても支援の手が行き届かないケースが出てくる。そのような時には，つながりを大切にして，それぞれが役割分担して，協働していくことが障がい児とその保護者にとって最善の利益となると考える。

注

1）厚生労働省「保育所保育指針」第6章3(1)ア，2008年
2）厚生労働省「地域子育て支援拠点事業の実施状況」2009年〜2014年
3）菊池紀彦「重症心身障害児（者）と家族に対する地域生活支援の現状と課題」『特殊教育学研究』第50巻第5号，特殊教育学会，2013年，pp. 473-482

参考文献

NPO法人セルフ　http://www.self-cut.org/　（アクセス：2016.5.25）
朝貝芳美・工藤哲也・長谷川登「障害児のための社会資源(4)日常活動を支援する地域資源とネットワーク」『総合リハビリテーション』第36巻第12号，医学書院，2008年，pp. 1187-1192
工藤哲也「発達障害に対する家族支援と地域ネットワーク—長野県における取り組

みから─」『特集 発達障害のリハビリテーション』第103巻，全日本病院出版会，2009年，pp.63-70
川邊浩史・菅原航平・清水健司・海塚敏郎「発達障害のある子どもや保護者の支援─子どもと保護者が集う，安心して過ごせる場の提供─」『永原学園西九州大学短期大学部紀要』第45巻，西九州大学短期大学部，2014年，pp.47-55
厚生労働省「利用者支援事業実施要綱」，2015年

索引

あ行

愛育研究所異常児保育室………… 8
愛育養護学校幼稚部………… 8
ICF ……… 7
ICF-CY ……… 7
アジア太平洋障害者の十年……… 3
アセスメント………53
アセスメントシート………53
アセスメント情報………55
遊び場………65
アテトーゼ型………24
アメリカ精神医学会………43
医学モデル……… 6
育成医療………… 114
一時保育………… 127
一時保護………93
1歳6か月児健康診査……… 110
糸賀一雄……… 9
医療型児童発達支援……… 11, 17, 97
医療型児童発達支援センター……17
医療型障害児入所施設………11
医療機関との連携………… 112
医療的ケア……… 25, 116, 126
インクルーシブ（包括・包含）保育… 8
インクルージョン………19
インクルージョン保育・教育………19
インテグレーション（統合）………19
WISC-Ⅳ知能検査 ………36
ABC分析 ………58
園内研修………78
近江学園……… 9
大津方式……… 9

か行

カウンセリング………91
核家族………83
学習指導要領………… 125
学習障がい（LD）………46
学校教育法………… 122
学校教育法施行令………… 104
学校保健安全法………… 103
感音難聴………29
記述的エピソード法………79
教育支援委員会………… 101, 105
共生社会………… 122
協働………80
経済的支援………… 120
痙直型………24
更生医療………… 114
行動観察………58
公費負担医療制度………… 113
国際障害者年……… 3
国際障害分類（ICIDH）……… 4
国際生活機能分類 国際障害分類改訂版……… 5
国連・障害者の十年……… 3
固縮型………24
個人情報………80
個人情報の保護に関する法律………81
子育て支援の場………… 127
子ども同士………71
子どもの心診療ネットワーク事業等………… 113
子ども・子育て支援法………… 119
この子らを世の光に……… 9

個別指導計画·····················52
個別の支援計画···················99
混合難聴························29

さ 行

サラマンカ宣言···················19
3歳児健康診査················· 110
三世代家族······················83
視覚··························25
視覚障がい児····················25
肢体不自由·····················23
肢体不自由児····················23
市町村························94
市町村児童家庭相談援助指針········94
市町村保健センター·············· 110
失調型························24
指定障害児相談支援事業所········ 128
指定小児慢性特定疾病医療機関
　······················· 121, 124
児童虐待の防止等に関する法律······83
指導計画······················52
児童相談所·····················93
児童相談所運営指針···············93
児童発達支援············ 11, 16, 96
児童発達支援センター······ 11, 16, 96
児童福祉司·····················93
児童福祉法··················· 3, 84
自閉症スペクトラム···············84
自閉症スペクトラム障がい（ASD）
　·······················46, 49, 84
社会資源······················89
社会的障壁······················2
社会的な壁······················2
社会モデル······················6
弱視·························26
斜視·························27
就学時健康診断············ 101, 103

就学相談···················· 104
就学猶予・免除··················10
就労支援······················96
守秘義務··················· 80, 81
受容·························87
巡回指導···················· 114
巡回相談······················80
障がい（障害）···················1
障がい児·······················3
障がい児地域療育センター········ 117
障害児通所支援················ 11, 96
障害児等療育支援事業·············97
障害児入所支援··················97
障害児入所施設············· 97, 123
障害児福祉手当················ 120
障害児保育事業実施要綱············9
障害者基本計画············ 99, 119
障害者基本法············ 2, 99, 119
障害者差別解消法············ 11, 20
障害者の権利宣言·················3
障害乳幼児対策1974大津方式······9
障がいの受容···················86
障害を理由とする差別の解消の推進
　に関する法律··················11
小学校学習指導要領············ 125
衝動性························45
常同行動······················47
小児慢性特定疾病·········· 121, 123
小児慢性特定疾病医療支援········ 121
小児慢性特定疾病医療費助成制度···98
小児慢性特定疾病医療費の支給··· 113
小児慢性特定疾病対策··········· 121
情報の管理·····················81
情報の共有·····················80
職員間の協動···················77
職員研修······················79
自立支援医療制度·············· 113

索 引　139

新生児聴覚検査……………………30
新生児マススクリーニング…112, 113
身体障害者福祉法……………… 114
新版K式発達検査…………………36
信頼関係……………………………90
心理診断……………………………94
杉山登志郎…………………………84
ストレス……………………………89
スーパービジョン…………………79
すもう遊び…………………………64
精神通院医療……………………114
精神薄弱者の権利宣言……………3
精神保健福祉法………………… 114
生物・心理・社会モデル………… 6
生理型………………………………35
全国保育士会倫理綱領……………81
先天性代謝異常………………… 113
ソーシャルワーカー………………81
育ち合い……………………………71

た　行

第二次アジア太平洋障害者の十年…3
ダウン症候群………………………34
多職種…………………………… 111
多動性………………………………44
田中ビネー知能検査………………36
単独世帯……………………………83
地域の子育ての拠点…………… 127
地域保健法………………… 95, 109
知的障がい…………………………33
知能検査……………………………35
知能指数……………………………34
注意欠如・多動的障がい……44, 49
聴覚障がい児………………………28
通級指導教室……………………102
通級による指導………………… 125
通告…………………………………83

DSM …………………………………34
定型発達……………………………33
伝音難聴……………………………28
点字絵本……………………………28
同化…………………………………61
統合保育（インテグレーション）
　………………………………8, 14, 73
統合モデル………………………… 6
特別支援学級…………………… 102
特別支援学校…………………… 101
特別支援学校小学部・中学部学習指
　導要領………………………… 100
特別支援学校幼稚部………… 18, 39
特別支援学校幼稚部教育要領
　…………………………18, 100, 122
特別支援教育………………10, 20, 101
特別支援教育コーディネーター…125
特別支援教育支援員…………… 119
特別支援教育の推進について…… 121
特別児童扶養手当……………… 120
特別児童扶養手当等の支給に関する
　法律…………………………… 120
飛び込み出産…………………… 113
ドロター，D.………………………86

な　行

二次障がい…………………………48
二次障がいの予防…………………48
乳幼児健康診査………………110, 123
乳幼児健診…………………………110
妊産婦健康診査………………112, 113
認定就学制度…………………… 105
脳性まひ……………………………23

は　行

排除…………………………………61
発達障がい児………………………43

発達障害者支援センター……………96
発達障害者支援法……………… 43, 96
発達障害者支援法改正……………11
判定………………………… 93, 94
ピア・サポート……………………88
ひとり親家族………………………83
病理型………………………………34
ひらがな積み木……………………62
びわこ学園………………………… 9
福祉型児童発達支援センター………16
福祉型障害児入所施設……………11
不注意………………………………44
分離保育（セグリゲーション）… 8, 16
保育課程……………………………52
保育カンファレンス………………78
保育士同士…………………………77
保育所等訪問支援………… 11, 16, 98
保育所保育指針… 13, 51, 61, 71, 77, 84, 109
保育的配慮…………………………39

保育の評価…………………………56
保育メンター制度…………………79
放課後等デイサービス……… 16, 124
訪問指導………………………… 115
保健所………………………… 95, 109
保護者支援……………… 83, 85, 88
母子保健法……………… 110, 123
ボーダーライン……………………34

ま 行

三木安正………………………… 8
民間の障がい児支援サービス…… 128
盲……………………………………26

や 行

幼稚園教育要領……………………13
要保護児童対策地域協議会……… 114

ら 行

連携…………………………………78

編著者紹介

井村　圭壯（いむら・けいそう）
1955 年生まれ
現　　在　岡山県立大学教授　博士（社会福祉学）　保育士
主　　著　『戦前期石井記念愛染園に関する研究』（西日本法規出版，2004 年）
　　　　　『日本の養老院史』（学文社，2005 年）
　　　　　『日本の社会事業施設史』（学文社，2015 年）
　　　　　『社会事業施設団体の形成史』（学文社，2015 年）

今井　慶宗（いまい・よしむね）
1971 年生まれ
現　　在　関西女子短期大学講師　保育士
主　　著　『社会福祉の制度と課題』（共著）（学文社，2015 年）
　　　　　『社会福祉の基本と課題』（共著）（勁草書房，2015 年）
　　　　　『現代の保育と家庭支援論』（共著）（学文社，2015 年）
　　　　　『保育実践と家庭支援論』（共著）（勁草書房，2016 年）

障がい児保育の基本と課題

2016 年 9 月 10 日　第一版第一刷発行
2018 年 1 月 30 日　第一版第二刷発行

編　者　井　村　圭　壯
　　　　今　井　慶　宗
発行所　株式会社　学　文　社
発行者　田　中　千　津　子

東京都目黒区下目黒 3-6-1　〒153-0064
電話 03(3715)1501　振替 00130-9-98842
http://www.gakubunsha.com

©2016　Imura Keiso & Imai Yoshimune
Printed in Japan

落丁・乱丁本は，本社にてお取替えいたします。
定価は売上カード，カバーに表示してあります。

印刷／亨有堂印刷所
ISBN978-4-7620-2666-9　　検印省略